T0243698

133
lecciones
en 1 minuto

PROFIT
editorial

Profit Editorial, sello editorial de referencia en libros de empresa y management. Con más de 400 títulos en catálogo, ofrece respuestas y soluciones en las temáticas:

- Management, liderazgo y emprendeduría.
- Contabilidad, control y finanzas.
- Bolsa y mercados.
- Recursos humanos, formación y coaching.
- Marketing y ventas.
- Comunicación, relaciones públicas y habilidades directivas.
- Producción y operaciones.

E-books:
Todos los títulos disponibles en formato digital están en todas las plataformas del mundo de distribución de e-books.

Manténgase informado:
Únase al grupo de personas interesadas en recibir, de forma totalmente gratuita, información periódica, newsletters de nuestras publicaciones y novedades a través del QR:

Dónde seguirnos:

 @profiteditorial

  Profit Editorial

Ejemplares de evaluación:
Nuestros títulos están disponibles para su evaluación por parte de docentes. Aceptamos solicitudes de evaluación de cualquier docente, siempre que esté registrado en nuestra base de datos como tal y con actividad docente regular. Usted puede registrarse como docente a través del QR:

Nuestro servicio de atención al cliente:
Teléfono: **+34 934 109 793**
E-mail: **info@profiteditorial.com**

Pau Garcia-Milà

133 lecciones en 1 minuto

Trucos y consejos que mejoran tu día a día

PROFIT
editorial

© Pau Garcia-Milà, 2023
© Profit Editorial I., S.L., 2023
© De los avatares: Memoji, by Mac and macOS are trademarks of Apple Inc.

Diseño de cubierta: XicArt
Maquetación: Profit Editorial

ISBN: 978-84-19212-74-0
Depósito legal: B 34-2023
Primera edición: Marzo de 2023

Impresión: Gráficas Rey

Impreso en España / Printed in Spain

#índice

133
lecciones
en 1 minuto

#1 Aprende en un minuto cómo poner en marcha un negocio

A veces nos sobran las ideas y las ganas de emprender, de montar nuestro propio negocio, pero no sabemos por dónde empezar. ¿Qué necesito? ¿Seré capaz? ¿Moriré —o me arruinaré— en el intento? Vayamos por pasos.

La idea

Podemos tener buenas o malas ideas, eso nos lo demostrará el tiempo. Pero en lo que no nos vamos a equivocar es en aquello por lo que sintamos una auténtica pasión. Y cuanto más nos apasione una idea es cuando tenemos más posibilidades de tener éxito. Así que, ideas sí, pero sobre todo pasiones.

El presupuesto

Podemos emprender con 0 euros, 1.000 euros o 100.000 euros. Esa es la verdad. Y que consigamos llegar más lejos no dependerá exclusivamente de ello. Pongámonos solo una máxima: dediquemos un 50% de nuestro presupuesto a lanzar el proyecto y dediquemos el otro 50% a invertir en él cuando esté en marcha, buscando profesionales en Fiverr, Upwork, 99designs y Freelancer y lanzando campañas en las redes sociales para ver si la idea funciona.

El equipo

Hay una fórmula infalible y para ello hay que tomar una decisión: si queremos ir rápido, vayamos solos, pero si queremos llegar lejos, busquemos al mejor equipo. Tú eliges.

RECURSOS

- ✔ Crear una web: Google Site/Wix
- ✔ Realizar un diseño: Canva
- ✔ Recibir pagos: PayPal Me
- ✔ Abrir una tienda online: Shopify/BigCartel
- ✔ Hacer un prototipo de *app*: Marvelapp
- ✔ Plataformas de comunicación: Slack/Discord
- ✔ Forms: Typeform/Google Forms

#2 Te explico cómo instalarte en el Metaverso

¡Lo acabamos de conseguir! Hemos instalado nuestra oficina en el Metaverso. Nuestro equipo es ya de 15 personas que estamos en una decena de lugares diferentes, pero que nos encontramos cada día de forma virtual.

¿Cómo lo hago?

Es fácil. En nuestro caso hemos utilizado una tecnología denominada Nubii.us. Y no es solo para reunirnos y ya está. Desde aquí desarrollamos nuestro campus virtual sobre «Blockchain y negocio», con una concurrida presentación en nuestro auditorio virtual que ya nos indicaba el éxito de este novedoso formato.

¿Para qué me servirá?

Aún los hay que dudan de que una tecnología como el Metaverso puede matar la productividad. Nuestra experiencia nos indica justamente lo contrario. Tener un lugar donde quedar, aunque sea de manera virtual, para intercambiar opiniones y echar unas risas, es muy enriquecedor.

RECURSOS

- ✓ Nubii.us
- ✓ Blockchainynegocio.com

#3 Descubre tres profesiones con mucho futuro (y dónde estudiarlas)

Dicen que la mitad de las profesiones que se desarrollarán en los próximos cinco o diez años aún no se conocen. Sea como sea, el caso es que los tiempos cambian y la pandemia y la digitalización han hecho evolucionar el mundo laboral como no imaginábamos. Aquí van tres salidas profesionales muy interesantes.

Analista en *blockchain*

Muchas empresas tradicionales tratan de averiguar cómo utilizar la tecnología *blockchain* en su negocio y necesitan gente que les eche una mano para desarrollar toda la potencialidad de las cadenas de bloques. Puedes convertirte en un experto en Founderz.com

Especialista No-code

Las aplicaciones móviles no son el futuro, sino el presente, y es posible programarlas sin una línea de código. Lógicamente, eso supone una gran agilidad y una clara ventaja competitiva.

Data visualization

Se trata de la última especialidad del mundo del marketing. Cada vez más empresas recopilan y tienen acceso a datos de su negocio, pero o bien no saben interpretarlos o no llegan a explotarlos y conseguir todo su potencial. Descubrirás sus secretos en edem.eu/curso-marketing-data-visualization.

 RECURSOS

✔ Founderz.com
✔ edem.eu/curso-marketing-data-visualization

#4 Kit de supervivencia para vivir sin Google

Cada día más gente quiere proteger su privacidad y evitar las injerencias de Google, tanto al utilizarlo como navegador como al utilizar cualquiera de sus servicios. ¿Pero realmente es posible? Sí, lo es, basta con elegir las herramientas adecuadas para adentrarse en la red sin dejar huellas y utilizar el correo electrónico sin riesgos.

El buscador

Lo primero que podemos hacer es usar un buscador como DuckDuckGo, el más conocido para protegernos. No guarda ningún tipo de dato ni rastrea en lo que estamos buscando para evitarnos posteriores sorpresas comerciales.

El correo

Como cuenta de correo, una buena idea es utilizar Proton Mail, que es también un servicio conocido que está enfocado a la privacidad del usuario y encripta sus mensajes a fin de que no acaben en manos indeseadas.

El navegador

Para navegar la mejor opción es usar Brave, un navegador que además de prometer ser tres veces más rápido que sus competidores (léase Google) bloquea cualquier intento de rastreo de las páginas web que visitemos, sea mediante *cookies* o cualquier otra herramienta.

Y si lo que necesitamos es una VPN, nada mejor que Opera, un navegador con una VPN integrada. Puedes elegir el país a través del cual quieres redirigir tu tráfico sin necesidad de instalar nada.

RECURSOS

✔ duckduckgo.com
✔ proton.me
✔ brave.com
✔ opera.com

#5 Cómo dejar de recibir llamadas de telemarketing

Si estás harto de que te llamen para que te cambies de compañía telefónica, de ofrecerte un seguro médico o venderte cualquier otro producto o servicio, tranquilo, hay una fórmula para que dejes de recibir todas esas llamadas de telemarketing. Y todas significa todas. También las que te llegan por cualquier servicio de mensajería instantánea, correo electrónico o correo postal.

Inscríbete a la lista Robinson

Para evitar estas llamadas no hay nada mejor que inscribirse en la lista Robinson, que no es otra cosa que un servicio totalmente gratuito donde dejas tus datos e indicas que no quieres recibir ningún tipo de oferta comercial telefónica. Las empresas de telemarketing tienen la obligación de consultar este listado y comprobar que nunca llaman a una persona que esté dada de alta en él.

Espera la actualización

Una vez realizada la inscripción, hay unas semanas de *impasse* hasta que las empresas descargan la lista actualizada. Pero aun así se puede indicar a cualquier operador u operadora que te llame que ya estás inscrito y que, por lo tanto, esa llamada no procede. Las instrucciones que tienen son muy claras y saben que no pueden molestar a nadie que figure en esta lista.

La lista Robinson funciona en España, pero otros muchos países disponen de un registro similar. Si es el caso, simplemente tienes que buscar cuál es.

RECURSOS

✔ listarobinson.es

#6 Apps para tunear tus videoconferencias

El teletrabajo puede seguir siendo solo para unos pocos, pero las videoconferencias es de esas cosas que sí han llegado para quedarse. Transmitir una buena imagen también es fundamental en remoto, y en eso hay varias aplicaciones que te pueden ayudar más de lo que imaginas.

Sorpréndelos

La *app* mmhmm.com te va a ayudar a incluir en tus apariciones en pantalla unos efectos visuales tan prácticos como llamativos. Podrás interactuar en diversos espacios y presentar diapositivas de una forma ágil y divertida.

 ## Alto y claro

No solo es importante que se te vea bien y en un entorno atractivo, sino también que se te oiga bien, y para eso usa krisp.ai: elimina todos los ruidos de fondo con una discriminación fantástica. Por más que tengas niños en casa, obras en la del vecino o incluso te pongas a aplaudir de forma compulsiva, los demás solo escucharán tu voz.

RECURSOS

✓ mmhmm.com
✓ krisp.ai

#7 Tres webs imprescindibles

Déjate sorprender con tres páginas web que –quién sabe– igual se convierten para ti en imprescindibles, y con una cuarta que no sirve de nada, pero seguro que también te sorprende. ¡Y, sobre todo, compártelas!

Visualiza tu viaje

La web mult.dev te ofrece una presentación en vídeo para compartir con amigos y familiares el viaje que te gustaría hacer, con ellos o no, claro. Solo tienes que poner los lugares que quieres visitar y el tipo de transporte. Bastará con eso para crear tu recorrido sobre el mapa e ir haciendo boca.

Crea tu mundo

Entra en nvidia-research-mingyuliu.com/gaugan y verás cómo la inteligencia artificial es capaz de transformar cualquier dibujo cutre que hagas en la pantalla en una imagen realista como por arte de magia.

o transfórmalo

Si quieres hacerlo justo a la inversa, visita kpwing.com/cartoonify, cuelga una foto y, también mediante inteligencia artificial, verás cómo se transforma en un dibujo de niños. Luego ya es cosa tuya decidir con cuál te quedas.

Catpower

¿Has visto alguna vez que lluevan gatos? Entra en cat-bounce.com y verás cómo tu navegador se llena de enternecedores gatitos caídos del cielo. Cierto, esta web no sirve para nada, pero seguro que la visitas.

RECURSOS

- ✔ mult.dev
- ✔ nvidia-research-mingyuliu.com/gaugan
- ✔ kpwing.com/cartoonify
- ✔ cat-bounce.com

#8 Tecnología imprescindible (y adaptada) para viajar con niños

Viajar con niños es en sí mismo una aventura. La tecnología nos ayuda a no sucumbir en el intento con una serie de *gadgets* con los que calmar a «las fieras». Sin abusar de ellos, claro. Pero, cuidado, que no pueden ser dispositivos de uso común, sino a prueba de niños.

La *tablet*

Videojuegos y vídeos se han convertido en una de las principales distracciones infantiles de hoy en día y hacen de la *tablet* un complemento imprescindible cuando se viaja con niños. Elijamos una más o menos baratita para el trote que va a llevar, lo importante es hacerse con una funda a prueba de todo tipo de golpes. Eso será más importante que el aparato en sí. Si queremos que dure, claro. Fundamental hacerse con una antes de viajar.

Los auriculares

Otro complemento imprescindible. Busquemos unos que tengan limitado el volumen máximo y que sean flexibles y también a prueba de golpes.Y si viajamos con más de un niño, un detalle importante: que dispongan de un adaptador para que otros puedan conectarse al mismo reproductor. Así evitaremos inacabables conflictos.

Localizador

¡Que no se nos pierdan los niños! La tecnología también ayuda, y en el mercado podemos encontrar localizadores pasivos, como el *AirTag* de Apple, o activos como los dispositivos de *Gego*, que incluyen una tarjeta SIM.

Aunque no pueda considerarse un dispositivo tecnológico, no nos olvidemos de poner en la maleta alguna bolsa de plástico, sobre todo si viajamos en coche, por si vomitan. Eso sí que es seguridad pasiva.

#9 Dos trucos para conseguir el mejor precio en tu compra online

Seguro que te ha pasado: encuentras una gran oferta en Amazon y resulta que tu vecino también la ha encontrado, pero por cien euros menos. ¿Qué ha pasado? No desesperes, si te instalas estas dos herramientas siempre serás tú quien encuentre un precio más barato en tus compras *online*.

Amazon Price Tracker

Se trata de una herramienta que te avisa sobre el precio más bajo al que se ha vendido un artículo en Amazon y, lo más importante, que te avisa mediante un sistema de alertas de cuándo vuelve a bajar. Simplemente tienes que entrar en una web como keepa.com, crear un usuario, buscar cualquier producto y establecer tu alerta. Verás cómo evoluciona el precio y cuándo es tu oportunidad.

Cupones y ofertas

Si tu compra no es en Amazon tampoco hay problema. Puedes instalar en tu navegador una extensión que encontrarás en joinhoney.com/es. Lo que hará es que cada vez que entres en un comercio *online* rastreará todos los cupones y ofertas que hay disponibles por la red para ofrecerte el mejor descuento.

Con estos dos trucos vas a ser tú el vecino que siempre va a encontrar el precio más barato en internet. Que compartas la información ya es cosa tuya.

✔ keepa.com
✔ joinhoney.com/es

#10 Evita que te hackeen la cuenta con una contraseña en condiciones

Muchos creen que tienen la mejor contraseña del mundo y la utilizan en todos sus correos, aplicaciones y plataformas. Como mucho cambian los dos últimos caracteres, que suelen ser las iniciales del servicio al que acceden. Ya te adelanto que no es una buena idea.

Un *password* seguro

¿Cómo sabemos si una contraseña es segura? En realidad es tan sencillo como hacerse otra pregunta: ¿Es fácil de memorizar? Si es así es que no es segura. Pero si no la voy a conseguir memorizar, ¿cómo lo hago?, ¿me la apunto en un papelito? No exactamente. Lo mejor es instalarse un gestor de contraseñas.

Gestores

Hay muchos tipos de estas herramientas, gratuitas y de pago, pero nos va a servir cualquiera que encripte las contraseñas. Como estas: LastPass, 1Password, Bitwarden, KeePass o PassBolt. Y siempre con una consideración que debemos tener muy clara: hay que usar una contraseña distinta en cada servicio en el que nos registremos.

- ✔ LastPass
- ✔ 1Password
- ✔ Bitwarden
- ✔ KeePass
- ✔ PassBolt

#11

Tres herramientas que te van a hacer la vida digital más fácil (y son gratis)

Si has acabado las vacaciones y empiezas el curso escolar o laboral (y si no es así, es igual) puedes sorprender a los demás y sorprenderte a ti mismo con estas aplicaciones que pueden ayudarte.

Tecleando

Si andas un poco oxidado con la escritura —con teclado real o táctil, lo del papel lo dejamos atrás—, qué mejor que ponerte a teclear el abecedario en typethealphabet.app. Puede ser una chorrada, pero ejercitas mente y dedos luchando contra ti mismo o ti misma para batir tus marcas

Al dictado

Esta sí que es práctica. Si no te apetece escribir, o bien tienes un audio que transcribir, entra en dictation.io y ponte a dictar en cualquier idioma. Verás que el resultado es sorprendente (y gratuito). MacOS y Windows también han incorporado esta función, que en el Mac se activa pulsando dos veces «Control» y en Windows con la tecla de la ventana junto a H. Pero si no te quieres liar…

Pon tu rúbrica

Siempre es un buen momento para mejorar tu imagen, que en el mundo digital la proyectas mediante tu *e-mail*, añadiéndole una firma que diga algo de ti, que muestre tu personalidad. En hubspot.es/email-signature-generator podrás crear la que creas más adecuada.

Tu imagen

Y esta ya es de regalo. Porque no solo es importante tu *e-mail*, sino la propia imagen corporativa que proyectas en tus redes sociales. Busca plantillas y crea algo con estilo propio desde canva.com/linkedin-banners/templates/.

RECURSOS

- ✔ typethealphabet.app
- ✔ dictation.io
- ✔ hubspot.es/email-signature-generator
- ✔ canva.com/linkedin-banners/templates/

#12 ¿Necesitas un sistema de seguridad baratito para tu casa?

Proteger tu casa o tu habitación con un sistema de seguridad eficiente, con detector de movimiento y señal de vídeo, pero *low cost*, es posible. No estará conectado a una central de alarmas, pero te dará un buen servicio y te permitirá estar conectado a tu hogar desde cualquier ordenador.

Tu equipo

Lo primero que debemos tener es una Raspberry Pi, un microordenador que se vende por menos de 50 euros y que encontrarás fácilmente por internet; su pequeño módulo de cámara oficial, que vale menos de 20 euros, y una tarjeta micro SD donde instalar el sistema operativo. También es recomendable buscar un objeto donde ocultar el sistema.

La instalación

Con un sencillo tutorial descargamos el software necesario (motionEyeOS) y configuramos la wi-fi para después poder acceder desde un ordenador a través de su IP a las imágenes que esté reproduciendo en *streaming*. Podrás configurar alertas de movimiento, incluso que se active una alarma. Y todo por menos de 100 euros.

RECURSOS

✔ Raspberry Pi, con cámara y micro SD
✔ Sistema operativo motionEyeOS

#13 Cinco cosas que tu iPhone puede hacer y que quizás no sabes

Muchos *smartphones* y desde luego las últimas versiones de los iPhones tienen una serie de funciones que o bien no conocemos o no solemos utilizar, pero que nos pueden venir muy bien en un momento dado. Ojo al dato.

Tomar medidas

La herramienta para medir superficies mediante un sistema de realidad aumentada es cada vez más habitual. La podrás utilizar tanto como si fuese una cinta métrica como para calcular superficies. Cuidado, que lo de tomar medidas y dimensiones con humanos no es lo más recomendable.

Valora solo cuando quieras

Es habitual que todas las *apps* te pidan que las valores y des tu opinión. ¿No te apetece hacerlo? Lo mejor es que si tienes un iPhone vayas al menú «Ajustes/Appstore» y desactives las valoraciones. No volverán a pedirte una puntuación.

Notas manuscritas

Tu iPhone también te da la opción de personalizar tus mensajes de texto pudiéndolos escribir a mano. Entra en iMessage, pon el teléfono en horizontal, escribe con el dedo en la pantalla y envía tu mensaje como si fuera una imagen.

Escanea

También podrás escanear *tickets* y documentos con la *apps* de notas del iPhone, que configurará automáticamente la luz y la definición adecuadas para hacerlas muy legibles desde la pantalla y poder guardarlas.

Esconde esas fotos

Pues sí, todos tenemos fotos horrorosas en el teléfono. O simplemente algunas que no queremos que nadie vea por error. No hay problema. Desde el iPhone pulsa «Compartir» y a continuación activa «Ocultar Foto». Así solo puedes acceder tú a ellas desde una carpeta específica. Pero ten en cuenta que a veces es más práctico borrar y punto.

#14 Graba audios y habla por videoconferencia sin interferencias

Aunque ya os había hablado de krisp.ai quiero incidir un poquito es esta *app* capaz de hacer magia con tu canal de audio gracias a la inteligencia artificial.

Discriminación (positiva)

Krisp.ai es una *app* gratuita, disponible tanto para iPhone como para Android, capaz de discriminar tu voz de todos los sonidos que te rodean y que interfieren en los audios que quieres grabar en un entorno de trabajo o en casa, se escucha como si estuvieras aislado del mundo exterior.

Habla sin complejos

Así que en cuanto te descargues la aplicación puedes grabar a través de ella sin importar que haya conversaciones de fondo, obras en el bloque de enfrente, un bebé llorando o alguien que aplauda tu intervención. Tu interlocutor no podrá oír ninguno de estos sonidos.

¡Ojo! Que te oigan alto y claro es importante, pero también lo es lo que digas.

✔ krisp.ai

#15 Cinco trucos fáciles para evitar caer en estafas y pillar virus por el camino

Todos nos creemos muy ciberseguros hasta que caemos en la trampa más tonta y comprobamos cómo nos hackean una contraseña, nos instalan un virus o, lo peor de todo, nos roban la identidad. Antes de correr el riesgo de que nos vacíen la cuenta podemos empezar a asegurarnos con estos sencillos trucos.

Protección mejorada

Aunque nadie nos haya informado, navegadores como Chrome tienen un sistema de protección mejorada en el menú de Privacidad y Seguridad que mediante inteligencia artificial detecta cualquier potencial amenaza mientras estamos navegando. Si lo activamos tendremos la mitad del trabajo hecho.

Comprobación de seguridad

También en las herramientas de Chrome encontraremos un mecanismo de comprobación de seguridad con el que podemos ir chequeando, por ejemplo una vez al mes, los riesgos que vamos corriendo. Nos alerta, por ejemplo, de las contraseñas que no son seguras.

Doble autentificación

Conviene activar los sistemas de doble autentificación en aplicaciones y herramientas más delicadas, como el correo electrónico o la *app* del banco. De esta manera, siempre que vayas a entrar necesitarás, además de la contraseña, un segundo código de acceso que recibirás por SMS o mediante otra aplicación.

Desconfía

Este punto es fundamental: nunca respondas a un mensaje o incluso a una llamada que te pregunte por algún código que te acaba de enviar para comprobar vete a saber qué. Siempre son estafas que tratan de saltarse tus sistemas de seguridad.

Pirateo

Y el mejor consejo para acabar es que nunca te instales programas o juegos piratas en tu ordenador, porque todos los parches y *cracks* están llenos de virus por sistema. No juegues a la ruleta rusa.

#16 Prepara tu kit de supervivencia 100% digital

No hace falta que llegue el fin del mundo, pero imagínate que te quedas sin internet. O que llega el anunciado gran apagón. ¿Sobrevivirías? Con estas *apps* probablemente sí.

No dejes de comunicarte

¿Existe un servicio de mensajería móvil que funcione sin conexión? Pues sí. Aunque no te lo creas, *apps* como Bridgefy utilizan la conexión que tu teléfono establece con otros aunque no tengas datos y los utiliza como nodos de conexión con el teléfono con el que trates de conectar.

Descarga y consulta

No solo Netflix o Spotify te permiten descargar sus contenidos y verlos o escucharlos después aunque no tengas conexión. Una aplicación como Kiwix Offline te permite descargar todo tipo de contenidos y consultarlos cuando quieras.

No pierdas tu guía

No nos olvidemos tampoco que Google Maps te da la opción de descargarte los mapas que vayas a necesitar y consultarlos después sin conexión allá donde vayas y no dispongas de datos (o no quieras pagarlos a precios de oro).

Ten en cuentas estas herramientas, pero si de verdad llega el gran apagón, ¿qué va a ser de los «influencers»?

RECURSOS

- ✔ Bridgefy
- ✔ Kiwix Offline
- ✔ Google Maps

#17 Encuentra vuelos baratos (y además cómodos)

Todos somos unos cracks buscando los mejores precios de nuestros vuelos. O eso al menos nos lo creemos. Te voy a explicar un par de trucos para que veas si realmente eres tan bueno o simplemente te lo creías. Y no solo van a ser vuelos baratos, los míos serán también los más cómodos.

Busca vuelos

Lo primero que tienes que hacer es abrir Google Flights (google.com/flights), que posiblemente no lo hacías, y completar los campos habituales: origen, destino y fechas en las que nos gustaría realizar el viaje. Aparecen muchas opciones, pero no te quedes ahí.

Cómo es tu asiento

El segundo paso que debes hacer es instalar la extensión Legrooms for Google Flights. La encontrarás, por ejemplo, en Chrome Web Store. Si no, búscala en el mismo navegador y la encontrarás fácilmente. Verás cómo al instalarla nos va a aparecer mucha más información en la misma búsqueda, como el espacio que tendrás para las piernas o si el avión tiene wi-fi o una conexión para cargar tus dispositivos.

Elige la mejor fecha

Pero no te vayas todavía, que aún hay más. Antes de decidirte busca en la opción de calendario que te ofrece esta herramienta, porque podrás ver cómo varían los precios en función de los días y, si puedes adaptarte, conseguir la mejor oferta.

Y para acabar, si quieres anunciar tu viaje o dar envidia a tus compañeros, utiliza mult.dev para crear un vídeo sobre tu trayecto. Que lo completes con el precio súper reducido que has conseguido ya es cosa tuya.

RECURSOS
- ✔ google.com/flights
- ✔ Legrooms for Google Flights
- ✔ mult.dev

#18 Aprovecha estos cinco recursos gratuitos para mejorar tu proyecto

De trabajo o de estudios, da igual. Seguro que tienes un proyecto, en marcha o en ciernes, por los que estos recursos gratuitos te van a venir como anillo al dedo. Pruébalos y ya me dirás.

Hazlo audiovisual

Si una imagen vale más que mil palabras, imagínate un audio o un vídeo. Incluye en tus presentaciones estos formatos gracias a las posibilidades que te ofrecen webs como pexels.com, unsplash.com o bensound.com. Ya verás qué cambio. Y sí, también puedes trabajar en ellas tus fotos.

El poder de la marca

¿Te falta un logo? Pues nada, créalo fácilmente y empieza a configurar tu imagen corporativa en logaster.com o en sqarespace.com/logo. Es fácil y, como te decía, no tendrás que pagar nada por ello.

Gestiona tus formatos

Vale, ya tengo mi marca, ¿y ahora qué? ¿Cómo lo hago para replicarla en diferentes formatos y soportes? *No problem.* Entra en placeit.net y llévate tu logo de un lado a otro como un profesional.

Dale color

Sí, lo sé, no eres muy bueno con los colores y tu paleta es limitada. Pues nada, coolors.com te puede ayudar a combinar tu espectro y crear las tonalidades que mejor vayan con tu imagen.

Júntalo

Una vez tengas todas tus creaciones, nada mejor que las herramientas que te ofrece canva.com/videos para configurar un proyecto con el que sorprenderás a propios y a ajenos. Y quizás el más sorprendido seas tú mismo.

RECURSOS

- ✔ pexels.com
- ✔ unsplash.com
- ✔ bensound.com
- ✔ logaster.com
- ✔ sqarespace.com/logo
- ✔ placeit.net
- ✔ coolors.com
- ✔ canva.com/videos

#19 Las cuatro extensiones de Chrome que debes conocer sí o sí

No te van a cambiar la vida. O sí, quién sabe. Lo que está claro es que estas cuatro extensiones de Google Chrome te van a abrir un desconocido mundo de posibilidades. Ya me dirás si las acabas utilizando o no.

Screencastify

Esta herramienta te va a permitir grabar tu pantalla para cualquier presentación, instalando además tu webcam en una esquina para que se te vea ahí explicando lo que tengas que explicar. Podrás hacer presentaciones realmente profesionales.

Email Finder by Snov

Te va a ofrecer *e-mails* verificados de cualquier empresa o página web que te interese simplemente entrando en ella y aunque tú no puedas encontrarlo de una forma convencional. Deja actuar a la magia.

Panic Button

Pues sí, también puedes disponer de tu propio botón del pánico para situaciones comprometidas. Que estás navegando por webs que no deberías visitar durante el trabajo o en clase, no hay problema. Pulsa el botón del pánico y te van a desaparecer. Cuando puedas volver a ellas simplemente vuelves a pulsarlo y se vuelven a abrir por arte de magia.

Stylish

Con esta extensión vas a poder cambiar el aspecto de las páginas que visites, porque te has aburrido de su aspecto o porque quieres disimular y que nadie las reconozca. Empezando por activar el modo oscuro incluso en aquellas que de oficio no lo permiten.

RECURSOS

✔ Screencastify
✔ Email Finder by Snov
✔ Panic Button
✔ Stylish

#20 Descubre si alguien te ha hackeado la wi-fi, el WhatsApp o el correo

¿Cómo puedes saber si alguien se ha conectado de forma fraudulenta a tu red, si lee tus mensajes de WhatsApp, si utiliza tu cuenta de Netflix o, lo que es aún peor, si puede recibir y enviar correos electrónicos con alguna de tus cuentas suplantando tu identidad? Es sencillo: o te vas a un experto en ciberseguridad o sigues estos fáciles consejos. Y ¡ojo!, si descubres que alguien espía tus mensajes y correos puedes ir a la policía, porque se trata de una violación a la intimidad, que es un delito tipificado.

Tu red

Para saber si alguien está utilizando tu wi-fi sin que seas consciente basta con que entres a través de tu navegador a esta dirección IP: http://192.168.1.1. Cuando estés dentro, pon la contraseña de tu red y en el menú de «Red local» podrás ver todos los dispositivos que hay conectados. Si hay alguno que no conoces basta con que cambies la contraseña desde esta misma web.

Tu cuenta

Si tu correo es de Gmail podrás garantizar fácilmente su seguridad. Accede a myaccount.google.com y en el menú de «Seguridad» podrás ver todos los dispositivos que se han conectado en los últimos 28 días. Lo mismo de antes: si hay alguno que no reconozcas cambia ya la contraseña y asunto resuelto.

Mensajería

Vayamos con tu cuenta de WhatsApp. En este caso, en «Configuración» vas a «Dispositivos vinculados». Rápidamente verás si hay algo raro, y si es así tendrás que reconfigurar la cuenta para evitar injerencias extrañas.

Plataformas

En el caso de que tengas una cuenta de Netflix –en otras la solución en similar–, accedes también a la Configuración de tu cuenta y verás todos los dispositivos desde los que se ha accedido al contenido. ¿Que hay alguno extraño? Pues nueva contraseña y adiós intrusos.

✔ http://192.168.1.1
✔ Gmail
✔ WhatsApp
✔ Netflix

#21 Los mejores recursos para emprender tu propio negocio (y son gratuitos)

Si quieres emprender tu propio proyecto y no dispones de muchos recursos, te voy a dar unas ideas para ponerte manos a la obra.

crea tu modelo

Para definir tu negocio te recomiendo que utilices la plantilla que encontrarás en Lean Canvas, que te obligará a hacerte –y responder– preguntas como qué problemas te vas a encontrar, cómo los vas a solucionar, qué costes tendrás, quiénes serán tus competidores... y todas esas cuestiones que, de entrada, deberías tener un poco claras.

Ponle una imagen

Herramientas que te permitirán fácilmente crear tu logo y exportarlo a diversos formatos. Pon imagen a tu marca y a tus productos con logaster.com, aquarespace.com/logo o hatchful.shopify.com.

Tu web

Tu web será el gran escaparate de tu producto o tu servicio. No tienes que volverte loco para crearla ni contratar un gran estudio. Empieza con herramientas como WebFlow, Carrd, Unicorn Platform o Softr y verás cómo puedes apañarte.

Una tienda online

Y si vas a vender ese producto o ese servicio a través de la red, crea tu tienda virtual en Tendeta, Shopify o WooCommerce y ponte ya a ganar dinero. Porque para eso has movido todo esto, ¿no?

Busca tus clientes

Ahora ya lo tienes todo en marcha, pero aún te falta lo más importante: los clientes. Para llegar a ellos te propongo dos estrategias. La primera no es otra que crear las redes sociales de tu proyecto y explicarlo para atraer a tu público, y la segunda pasa por lanzar algunas pequeñas campañas publicitarias a través de TikTok Ads, Google Ads o Facebook Ads.

Aprende

El saber nunca ocupa lugar. Te ofrezco la Escuela de negocios *online* Founderz. Y de esto no te voy a dar alternativa, porque es mi proyecto y creo firmemente en sus posibilidades. Te invito a conocerlo.

RECURSOS

- ✔ Lean Canvas
- ✔ logaster.com
- ✔ aquarespace.com/logo
- ✔ hatchful.shopify.com
- ✔ WebFlow
- ✔ Carrd
- ✔ Unicorn Platform
- ✔ Softr
- ✔ Tendeta
- ✔ Shopify
- ✔ WooCommerce
- ✔ TikTok Ads
- ✔ Google Ads
- ✔ Facebook Ads
- ✔ Founderz

#22 Cómo sortear a los robots telefónicos

¿Cuántas veces te has encontrado con que quieres contactar con un operador de algún servicio que tienes contratado y no hay manera de hablar con un humano, sino siempre con un robot? ¿Cómo sortearlo? Te enseño un sencillo truco.

Solicítalo

Puedes hacer la prueba. Decir al robot que quieres contactar con un agente. Pero es probable que no sirva de nada y que la máquina te pida que le expliques el problema para determinar si te corresponde o no hablar por fin con una persona.

Bla bla bla

Habla un idioma incomprensible, balbucea o di cualquier cosa que ni una máquina ni un humano puedan descifrar. Es la forma directa que el robot se rinda definitivamente y te pase con alguien que pueda entenderte.

Que resuelva el problema que te ha llevado a llamar a este servicio ya es otra cosa, pero al menos inténtalo con alguien que tenga un mínimo de inteligencia emocional para poder ayudarte.

#23 Cómo dictar al ordenador y que escriba con tu propia letra

¿Cómo? ¿Qué dices? ¿Qué el ordenador va a escribir lo que le dicte y además lo va a hacer con mi propia letra? Sí, hombre, y qué más. ¡Ah!, ¿que no te lo crees? Pues sigue estos pasos, que vas a flipar.

Crea tu fuente

Lo primero que tienes que hacer es crear tu propia fuente para instalarla en tu ordenador. ¿Cómo? Pues entrando en la web calligraphr.com/es, registrándote de forma totalmente gratuita y descargando una de sus plantillas. La imprimes y, a mano, escribes las letras del abecedario, en mayúsculas y minúsculas. Cuando las tengas les haces una foto y las subes a la misma página. Las instalas y ya puedes empezar a usarlas como utilizas cualquiera de las fuentes que tienes instaladas.

Dicta

El segundo paso quizás ya lo conocías. Las últimas versiones de MacOS y Windows han incorporado esta función, que en el Mac se activa pulsando dos veces «Control» y en Windows con la tecla de la ventana junto a H. Si no, entra en dictation.io y ponte a dictar en cualquier idioma (¡es gratuito!).

RECURSOS

✔ Calligraphr.com/es
✔ dictation.io

#24 Transforma un dibujo en una peli de animación

Pues sí, tú también puedes hacer cine de animación, que se lleva mucho. Y además de una forma sencilla y gratuita gracias a un innovador proyecto de Meta. Te explico cómo y empiezas.

Dibuja

Es el primer paso. Muestra tu capacidad creativa creando tu propio personaje. Eso sí, debe ser humanoide para que pueda realizar unos movimientos convencionales.

Dale vida

Para hacer que se mueva y a partir de ahí crear tu película de animación, escanéalo en sketch.metademolab.com/canvas y súbelo. Ahí tendrás que marcar los puntos que te indica para aplicarle las articulaciones básicas.

A mover el esqueleto

Ahora empieza lo bueno: ya tienes tu personaje listo para realizar los movimientos que le fijes. Hay una amplia lista que puedes combinar para crear tu película.

¡Ojo!, también lo puedes hacer con fotos. Ve probando alternativas y conviértete en un creador. De aquí al Oso de Oro de Berlín hay un paso.

RECURSOS

✔ sketch.metademolab.com/canvas

#25 Más que retocar, haz magia con tus fotos

¿Para qué quieres Photoshop con las herramientas que te voy a enseñar, que más que para retocar imágenes lo que consiguen es hacer magia? Ya verás cómo te enganchas a ellas, ya...

Fotografía, selecciona y corta

La *app* ClipDrop te va a abrir un mundo de posibilidades: haz una foto de un objeto o de una persona, guárdala y dale después a eliminar fondo. Ahí lo tienes, justo lo que necesitas para ilustrar una página o para una presentación perfectamente recortado. Puedes, además, ajustar su dimensión como más te convenga.

Borra

¡Ay si los soviéticos hubieran conocido esta web! Si lo que quieres es borrar algún elemento de una foto, cleanup.pictures es tu herramienta. Selecciona lo que quieras eliminar de una imagen y ya verás cómo lo hace a la perfección clonando el fondo para que no se note nada.

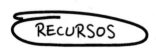
RECURSOS

✔ ClipDrop
✔ cleanup.pictures

#26 Aprende a crear personas (no, no es lo que parece)

Que no, no hablamos de hacer niños, sino de personas sintéticas. Personas que no existen, pero que dan el pego. Y poca broma, que cada vez hay más creadores de estos humanoides que marcan el futuro. Se trata de crear una persona desde cero y darle vida. Es muy fácil y no te costará nada. Ni esfuerzo ni dinero.

Ponle cara

Puedes seleccionar una cara que vaya con tu personaje en generated. photos, una web con millones de rostros creados por ordenador. Nadie te va a denunciar, porque son personas que, aunque no lo parezca, no existen. Para hacer más fácil tu búsqueda, la página te ofrece la posibilidad de utilizar una serie de filtros.

Dale voz

Pues sí, una vez tengas la cara, el siguiente paso es dar voz a tu personaje. Lo vas a poder hacer fácilmente en voicemaker.in. De nuevo, lo que vas a encontrar es una amplísima biblioteca de voces creadas por ordenador, no temas. Elige el idioma en el que hablará y, cuando hayas elegido, descarga la voz.

Y haz que hable

Una cara y una voz en *off* no nos bastan. Necesitamos que tu persona sintética hable de verdad, pronunciando y gesticulando. Lo conseguirás con tokkingheads.com. Ahí lo tienes, tu otro yo se ha convertido en realidad. Da miedito, ¿verdad?

El caso es que cada vez más gente se está dedicando a crear estos personajes de forma profesional, así que no descartes nada.

RECURSOS
- ✔ generated.photos
- ✔ voicemaker.in
- ✔ tokkingheads.com

#27 Haz que la inteligencia artificial escriba cualquier trabajo por ti

¿Tiene sentido que a estas alturas te hagan hacer un trabajo de cualquier tema cuando la inteligencia artificial lo puede hacer por ti? No hablamos de una tesis doctoral –todavía– pero sí de esos farragosos trabajos escolares. Te voy a enseñar cómo hacerlo y te vas a quedar de pasta de boniato.

Elige tema y busca la introducción

Imagínate que tienes que hacer un trabajo sobre los Reyes Católicos. Pues manos a la obra: busca una introducción fiable y resúmela. No te agobies, que para eso también te puede echar una mano resoomer.com/es.

Al ataquerrr

Vamos a la faena. Créate una cuenta en beta.openai.com/play ground y, como te darán un crédito inicial, no te va a costar nada. Pon un título, copia un párrafo del resumen a modo de introducción y dile que se ponga en marcha. Ahí lo tienes: tu trabajo hecho.

¿Que no puede ser?

¡Ah!, ¿qué crees que la máquina ha copiado esto de vete a saber dónde? Pues nada, entra en un detector de plagios como plagiarismdetector.net y verás como el texto es original al 100%. Increíble, pero cierto.

- ✔ resoomer.com/es
- ✔ beta.openai.com/play ground
- ✔ plagiarismdetector.net

#28 Restaura tus fotos, dales color y, en definitiva, crea con ellas

Restaura

No te preocupes porque las fotos antiguas estén hechas polvo. Escanearlas no sirve de nada si en formato digital siguen hechas unos zorros y no sabes cómo restaurarlas. Entra en myheritage. es/photo-enhacer. De entrada te va a corregir automáticamente todos los desperfectos e incorrecciones y les va a dar resolución.

Dale color

La foto ya está arreglada. Pero a partir de ahí puedes darle color si te apetece en myheritage.es/incolor. Por arte de birlibirloque, el pasado deja de ser en blanco y negro para rejuvenecerse con todo el espectro cromático. ¿Cómo lo ves?

Anímala

No queda ahí la cosa. Si eres osado u osada y quieres ir un poquito más allá, anima la foto mediante app.tokkingheads.com. Solo tienes que subir la imagen, elegir uno de los vídeos de base que te ofrece la herramienta y darle vida.

Transfórmala

Con fotos actuales, una buena idea puede ser transformarlas en un dibujo. Por ejemplo en huggingface.co/spaces/akhaliq/ AnimeGANv2 para obtener un estilo Anime o bien en deepai.org/ machine-learning-model/toonify si lo que quieres es que la inteligencia artificial se explaye con tu foto.

RECURSOS

- ✔ myheritage.es
- ✔ app.tokkingheads.com
- ✔ huggingface.co/spaces/akhaliq/AnimeGANv2
- ✔ deepai.org/machine-learning-model/toonify

#29 Genera tu propia tormenta de ideas

¿No te has quedado nunca sin ideas para preparar algún trabajo, un vídeo o un artículo? O simplemente necesitas tener tema de conversación sobre alguna materia concreta que no está necesariamente en Wikipedia. No te preocupes, tenemos quién te lo puede solucionar.

¿Qué es lo que te interesa?

Entra en answerthepublic.com y selecciona tu país y tu idioma. A continuación indica el tema sobre el que quieres conseguir información y a partir de ahí, como por arte de magia, te va a aparecer todo lo que la gente de tu país está buscando sobre ese mismo tema. Eso no solo te va a dar ideas de contenidos, sino que te va a permitir acertar sobre los intereses que la gente que te rodea tiene en esa misma materia. ¿Cómo lo ves?

¿Cómo lo ilustro?

Como una imagen vale más que mil palabras también
vas a necesitar fotos. O aún mejor, vídeos. Y lo mejor, ya sabes, es no piratear nada por ahí. Además, no es necesario: entra en pexels.com o en unsplash.com, busca lo que necesites y descarga las imágenes o los vídeos que te gusten de forma totalmente gratuita.

- ✔ answerthepublic.com
- ✔ pexels.com
- ✔ unsplash.com

#30 Transforma tu proyecto con estas tres herramientas (son gratuitas)

Dale ese toque especial, incluso espectacular, a tus presentaciones y marca la diferencia con estas tres herramientas. Son muy sencillas de usar y además no te van a costar nada. No te quejarás…

¿No sabes cómo hacerlo?

Si no sabes cómo presentar tus diapositivas solo tienes que entrar en beautiful.ai, utilizar unas sencillas plantillas, incluir elementos, y su inteligencia artificial te va a crear unas diapositivas increíbles.

Corta y pega (pero imágenes)

Con remove.bg podrás incluir cualquier imagen que quieras en tu presentación. Subes una foto, te elimina el fondo y puedes incluir ese elemento que te ha quedado aislado donde quieras, adaptando su dimensión.

¿Y esa letra?

Te ha gustado ese tipo de letra y no sabes cuál es ni dónde encontrarlo. No hay problema. WhatFont es una extensión para Chrome que te identificará las fuentes de cualquier web para que las puedas utilizar. No es que tengas que clonar nada, pero si te gusta una letra… te gusta.

De regalo

Hablando de clonar. ¿Cómo te quedaría una larga cabellera rubia? ¿Y una reluciente calva? Entra en FaceSwapper y haz una sorprendente fusión de caras. A lo mejor te gusta más tu nuevo aspecto y llevabas toda la vida sin saberlo.

RECURSOS

- ✔ beautiful.ai
- ✔ remove.bg
- ✔ WhatFont
- ✔ Face Swapper

#31 Trabaja y diviértete con estas tres herramientas mágicas

¿Quieres seguir haciendo magia para sorprender a tus amigos o amigas? ¡Ojo!, que también puedes utilizar estas tres herramientas increíbles para trabajar. Es más, te recomiendo que las utilices precisamente para eso.

Comparte archivos

Lo más fácil cuando estás trabajando con alguien es que tengas que compartir un archivo. Sí, lo puedes hacer por correo. O no, porque es grande y es un engorro. Para colmo, los dos sistemas operativos son incompatibles y lo puedes hacer mediante las herramientas que te ofrece el ordenador o el teléfono. No pasa nada: entra en snapdrop.net y envíalo de forma sencilla por red local.

Aísla una voz

¿Cómo sonará el último éxito de tu artista favorito sin la música? ¿Quieres escucharlo a capella? Pues sí, es posible sin tener que contratar un concierto íntimo. Sube la canción a vocalremover.org/es y una inteligencia artificial te aislará la voz. No hace falta que lo hagas con una canción, puedes aislar cualquier voz del sonido de fondo para utilizarla como la necesites. O al revés, por si quieres crear tu propio karaoke.

Haz tu gif

Y más difícil todavía: ¿tienes un vídeo y quieres aislar a su protagonista para hacer, por ejemplo un .gif? Pues entra en unscreen.com/upload y haz lo mismo. Lo subes y aíslas al personaje. Es divertido y, créetelo, puede ser muy útil.

RECURSOS

- ✔ snapdrop.net
- ✔ vocalremover.org/es
- ✔ unscreen.com/upload

#32 Tres herramientas que te parecían imposibles, pero ahí están

Nos hacemos mayores y no damos crédito a lo que el software es capaz de hacer. En los años noventa habríamos matado por tener algo así. Y ahí lo tienes.

Digitaliza tus apuntes (o los de cualquiera)

Tanto la lupa de Android como Notes de iPhone te permiten fotografiar cualquier texto escrito a mano (siempre que la letra sea inteligible), digitalizarlo y guardarlo en cualquiera de los formatos de texto que tengas instalados. Pasar los apuntes a limpio o copiar los del empollón o la empollona de la clase nunca había sido tan fácil.

Aumenta la resolución

Otro hito superado. Que las fotos se pixelen cuando las amplías es una maldición que ya no tendrás que sufrir. Entra en letsenhance.io, sube una foto de mala calidad y verás cómo le da esa resolución que no tiene. Seguro que te sacará de un apuro.

Que se programe solo

Y esto ya es el colmo. ¿Te imaginas que haces un esquema de una aplicación, la escaneas y una inteligencia artificial no solo entiende tu idea, sino que la programa? Pues haz la prueba en Sketch2Code. Vas a flipar.

RECURSOS

✔ letsenhance.io
✔ Sketch2Code

#33 Haz un *DeepFake* con una foto

Hay momentos en la vida en que necesitas hacer un *Deep-Fake*. ¿Que qué es eso? Básicamente construir un bulo que resulte creíble, normalmente un vídeo de tu jefe, jefa, profesor o profesora cantando ópera o de cualquier amigo o amiga haciendo ballet. La imaginación al poder.

Consigue una foto

Eso sí, tienes que hacerte con una foto de esa persona a la que, por ejemplo, vas a hacer cantar la Traviatta y subirla a mygoodtrust.com/singing-portraits. Nos ofrecerá un montón de canciones y solo tienes que elegir la que te parezca más oportuna.

En un par de minutos tendrás acceso al vídeo que podrás descargar y compartir por WhatsApp. Y a reírse un rato. ¡Y es gratuita!

RECURSOS

✔ mygoodtrust.com/singing-portraits

#34 Evita que te hackeen una contraseña

Te voy a dar tres sencillos trucos para navegar por internet de una forma segura y evitar suplantaciones de identidad y, lo que es peor, que te estafen.

No confíes en el navegador

No aceptes nunca la función que te ofrece el navegador para guardar tu contraseña. ¿Por qué? Sencillamente porque así es muy sencillo que te la hackeen, sobre todo cuando navegas desde un ordenador compartido o en una red pública. Basta con que alguien dé con el botón derecho a leer el código fuente y cambie «password» por «text» para que le aparezca tu contraseña. No con puntitos, como en la pantalla principal, sino tal cual la habías dejado escrita.

Utiliza un gestor

Por el contrario, sí que es práctico y seguro usar un gestor de contraseñas. Tienes unos cuantos gratuitos: LastPass, 1Password, Bitwarden, KeePass o PassBolt. Evitarás utilizar contraseñas demasiado fáciles o utilizar la misma para todo, que ya te digo que no es una buena idea.

¿Y con qué contraseña accedo?

La pregunta del millón: ¿con qué contraseña segura accedo a mi gestor de contraseñas? Pues mejor que de una palabra acuérdate de una frase. Un refrán, un verso, un titular impactante. Y utiliza la primera letra de cada una de las palabras, alternando mayúsculas y minúsculas. Si tiene ocho letras, para dar con ella son necesarios más de 53 millones de intentos.

RECURSOS

✔ LastPass   ✔ KeePass
✔ 1Password   ✔ PassBolt
✔ Bitwarden

#35 Que la inteligencia artificial trabaje por ti

Pues sí, para qué te vas a tirar horas haciendo un trabajo, un resumen o simplemente para qué vas a escribir un correo si la inteligencia artificial puede hacerlo por ti. ¡Ah!, ¿qué no te lo crees? Pues ojo al dato.

Que te resuma

Lo primero que tienes que hacer es abrirte una cuenta gratuita en openai.com y nos vamos a Playground para empezar a probar. Por ejemplo, copias e introduces un texto largo para que te haga un resumen. Basta con pedírselo y ya verás el resultado. ¿Crees que lo habrías hecho mejor?

Que responda por ti

Otra función práctica es que te haga una respuesta razonada, por ejemplo, de un correo. Copias y pegas el texto completo del correo que quieras responder, le indicas que lo recha- ce y verás qué respuesta tan correcta te va a dar. No exactamente a ti, sino al destinatario, claro.

Que se explaye

¿Que quieres escribir una declaración de guerra –o de amor– a alguien? Pues pídele que lo haga por ti dándole algún detalle. Y ya verás de nuevo cómo te convence. A ti y a ese interlocutor que se deleitará con tu falsa prosa.

RECURSOS

✔ openai.com

#36 Crea el contenido que te haga crecer en internet

¿Estás entrando en el mundo digital y no sabes qué hacer para que te hagan más caso o para vender algún producto o servicio que tratas de mover.? Apúntate estas dos herramientas de contenido y posicionamiento.

¿Qué quiere la gente?

Si lo que necesitas es saber qué necesidades tiene la gente en función de lo que le puedes ofrecer, o cuáles son las preguntas más habituales que se hace sobre una determinada materia que dominas, entra en ahrefs.com/es/free-seo-tools y verás qué es lo que suscita más interés y cuáles son la preguntas y respuestas más útiles al respecto. Así llegarás más y mejor.

Véndeselo

Y si tienes ya algo que ofrecer accede a growwer.com y podrás entrar a los marketplaces de nicho ya conocidos que mejor se adaptan a lo que estás ofreciendo por muy poco dinero. Si puedes aportar algo más accederás a lugares con mucho más tráfico donde puedes hacerte de oro si das en la clave.

RECURSOS

✔ ahrefs.com/es/free-seo-tools
✔ growwer.com

#37 Envía datos enormes por internet (sin pagar por ello)

Seguro que conoces WeTransfer u otros servicios que te permiten enviar correos de muchos megas o incluso gigas. Te voy a enseñar un método aún más rápido y más seguro: utilizando un protocolo P2P, de ordenador a ordenador, que hará que el envío se realice al doble de velocidad y sin la necesidad de que esté alojado en el servidor de una empresa.

Genera tu enlace

Entra en justbeamit.com, sube tus archivos y el programa te generará un enlace que es lo único que tienes que compartir con la persona a quien tengas que enviar esos archivos. Y desde ese mismo instante ya lo podrá descargar de forma rápida y sencilla. Ahora bien, también puedes tomar un disco duro y enviarlo por mensajero. O en taxi. Casi te recomiendo lo del P2P.

RECURSOS

✔ justbeamit.com

#38 Conduce por todo el mundo

Quien no se consuela es porque no quiere. Y si a estas alturas viajar a través de Google Maps se te ha quedado pequeño, por qué no lo haces conduciendo. Vale, es una chorrada, pero ¿y lo que te vas a divertir?

Manos al volante

Para empezar entra en framesynthesis.com/drivingsimulator/maps y toma el volante. Verás que puedes conducir por cualquier autopista, calle o camino practicable del mundo. Haciendo que el mapa gire en el sentido de la dirección que tomes, como en un videojuego, y a la velocidad que elijas (dentro de los límites, *of course*). Sí, a veces te sales de la carretera y no pasa nada. Casi mejor, ¿no?

✔ framesynthesis.com/drivingsimulator/maps

#39 Diseña tu logo a coste cero (o casi)

Si no tienes un logo para tu marca o tu proyecto es porque no quieres. Y no es cuestión de dinero, porque te voy a mostrar tres herramientas con las que lo podrás hacer sin coste.

Por sectores

Si buscas una imagen corporativa fácilmente identificable entra en hutchful.shopify.com, que te permitirá buscar ideas por sectores para hacerla muy reconocible, aunque tienes mucho margen para elegir colores y encontrarás una amplia muestra de ideas.

Opciones abiertas

Si te lo quieres currar un poco más y crees que tienes un buen criterio estético, canva.com/logos es tu web. Aquí tendrás muchas más opciones para crear tú mismo sobre una buena base.

Que te lo haga un profesional

Si crees que tu proyecto es bueno y necesitas algo realmente personalizado y único tienes estas tres webs (logoglo.com, fiverr.com y 99designs.es) en las que encontrarás profesionales que te harán tu logo a un coste más que razonable.

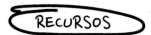 **RECURSOS**

- ✓ hutchful.shopify.com
- ✓ canva.com/logos
- ✓ logoglo.com
- ✓ fiverr.com
- ✓ 99designs.es

#40 ¿Trabajas con .pdf? Pues tienes que ver esto

Hay mucha gente que odia trabajar con PDF. ¿Por qué será? Da igual. Si eres uno de ellos tienes que conocer estas dos herramientas que te harán la vida un poco más fácil. No obstante, es normal que sigas odiando este formato odioso.

Firma como si lo hicieses a mano

Hay mucha gente reacia a esos .pdf firmados digitalmente. ¿Por qué no los engañas un poquito? Entra con tu documento firmado en lookscanned.io y cambia el color o la textura de la firma con una de sus funciones para que parezca que lo han impreso, firmado y escaneado. Parecerá algo más manual, con lo que quizás empatices con otra persona que odia los .pdf. Y será igual de válido.

Una navaja suiza

Sí, sí, como lo oyes: tools.pdf24.org es como una navaja suiza para trabajar con documentos en este formato. Puedes unir .pdf, separar páginas, extraer las imágenes, crear un .pdf a partir de imágenes o editar los textos. Pruébalo y ya me contarás.

RECURSOS

- ✔ lookscanned.io
- ✔ tools.pdf24.org

#41 Por qué nunca debes enviar una foto por e-mail

Pues no, mejor no compartas alegremente tus fotos por correo electrónico, especialmente si la has hecho con un *smartphone*. ¿Por qué? Pues porque cualquiera la puede rastrear. Fíjate:

Metadatos

Si quieres ver todo el rastro que dejas al compartir una foto entra en jimpl.com y verás toda la información que contiene el archivo y que probablemente desconocías: la fecha y la hora en que se ha tomado, si la has editado y cómo, qué teléfono has utilizado para hacerla e incluso la ubicación exacta donde la has hecho. En definitiva, un montón de datos personales que en un momento dado pueden ser delicados.

Hackéalos

Lo normal es que te cuestiones si, aun asumiendo riesgos, no vas a poder compartir imágenes. Pues sí. Y también tenemos un truco para eso: thexifer.net te permitirá editar esos metadatos y enviar una foto con metadatos falsos. El uso que hagas de esta herramienta ya es cosa tuya, yo no diré nada.

RECURSOS

- ✔ jimpl.com
- ✔ thexifer.net

#42 ¿Qué es el marketing con audiencia cautiva?

Puede que esto te suene a chino. O no. El caso es que el llamado *marketing con audiencia cautiva* puede ser muy, pero que muy, efectivo.

Máxima atención

Lo primero es identificar ese lugar donde la gente, tu público objetivo, permanece durante un período concreto de tiempo, sin poder desviar demasiado su atención. Pongamos un avión. O un tren.

Retención de marca

Aquí encontrarás un espacio donde el porcentaje de retención de marca alcanza hasta un 80% más que los métodos tradicionales. Y eso es importante, te acaben comprando o no.

Decisión de compra

Pero eso no es todo. Porque hasta un 53% del público considera comprar lo que se les ofrece mientras está cautivo. Es decir, a bordo. Así que si te dedicas a vender cualquier producto o servicio ten también en cuenta este medio que muchos desconocen.

#43 Dos trucos para ser mucho más productivos

Consigue ser un poquito más productivo o productiva con estos dos sencillos trucos que te harán cambiar de hábitos y ganar tiempo. Ya sabes, tacita a tacita...

Deja de escribir

Igual no lo sabes, pero los sistemas operativos actuales como Windows o MacOS, ya incluyen sistemas de dictado que son alucinantes, y sobre todo prácticos y efectivos, gracias a la inteligencia artificial. Pulsa dos veces la tecla «Control» en un Mac o las teclas Windows y H en un PC. Vas a poder empezar a dictar un *e-mail*, un WhatsApp o un libro entero a la velocidad que quieras. Mientras hables alto y claro, lógicamente.

Cierra ventanas

La segunda herramienta es un extensión de Google Chrome que se llama Tabagotchi y que sirve para curar esa enfermedad de las mil pestañas abiertas del navegador que todos –o casi todos– tenemos. Además de ser muy poco práctico, lo que acabas consiguiendo es que el ordenador consuma mucha memoria y te acabe yendo más lento. Por eso aquí te aparece una de esas mascotas digitales clásicas que sufre un poquito cada vez que abres una nueva pestaña. Si no las vas cerrando al final la acabas matando. Así que no te conviertas en un asesino del Tabagotchi y cierra las ventanas que ya no utilices.

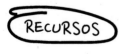

#44 ¿Sabes que las grandes empresas hackean el cerebro?

Se llama *segmentación de mercado*, pero bien podría llamarse *lavado suave -o no tanto- de cerebro*. ¿Que cómo lo hacen? Mira, mira.

Dos marcas

Por ejemplo, una multinacional estadounidense vendió bajo dos marcas totalmente diferentes un mismo producto, un test de embarazo.

¡Que no me haya quedado embarazada!

La primera, con un packaging blanco y un aspecto aséptico, que no llamaba la atención, tenía un nombre comercial explícito: RapidVue. Se vendía junto a los preservativos e iba directamente dirigido a quienes no querían un embarazo. Se vendía a 6,99 dólares.

¡Que sea que sí!

El segundo producto sí iba dirigido a quienes querían un bebé, de ahí que en la caja ya apareciese el rostro de un bebé y su nombre se dirigiese también hacia ese deseado resultado positivo: *babystart*. Se vendía junto a los test de ovulación. Se vendía más caro: 9,99 dólares.

Así consiguieron no solo ganar mucho dinero, sino abrir la veda a una práctica comercial que hoy en día es habitual: dos marcas de un mismo producto, a precios diferentes y en espacios de venta dirigidos a públicos diferentes. Así que ojito. Estás avisado/a.

#45 ¿cómo compartir contraseñas de forma segura?

Muchas veces tenemos que enviar a alguien una contraseña y lo hacemos por *e-mail* o WhatsApp. Sabes que puede ser inseguro, pero ¿cómo lo vas a hacer si no puedes cantársela al oído a la otra persona? Pues así:

Secreto, secreto

Entra en onetimesecret.com, escribe en la caja de texto que te aparece la contraseña (sí, esa cajita también es segura y no deja rastro) y te aparecerá un enlace. Ese es el enlace que debes enviar a la otra persona. Lo podrá abrir solo una vez, porque a la segunda ya le dirá que el secreto guardado ha expirado. Así os aseguraréis de que si ve la contraseña, nadie más lo ha hecho.

Al gestor

Y ahora, a guardarla en uno de esos gestores de contraseñas de los que ya te he hablado anteriormente.

RECURSOS

✓ onetimesecret.com

#46 ¿Qué diablos es FOMO y qué me estoy perdiendo?

Fear Of Missing Out, algo así como «miedo de perdérselo», ese es el mensaje que encierran las siglas FOMO, que quizás hayas escuchado (o quizás no). ¿De qué va esto?

Tonto el último

Aunque suene a algo totalmente nuevo, el temor a perder una ganancia es algo con lo que hemos convivido toda la vida. Porque, ¿quién no compra lotería de Navidad de su empresa si sabe que todos sus compañeros lo han hecho? Y quien dice de la empresa dice de la peña de amigos, del club deportivo o del bar habitual.

Con cabeza

Lógicamente, ese sentimiento de riesgo a la pérdida es inversamente contrario a las posibilidades de beneficio, que siguen siendo remotas, compremos el número que compran los otros u otro cualquiera o invirtamos en bitcoins o en cualquier otro activo. Así que usa la cabeza y si caes en el FOMO que sea con una inversión aceptable. Vamos, con un dinero que realmente no necesites para otra cosa. Lo que antes de estas siglas ya se conocía como invertir con cabeza.

#47 Quédate con estas cuatro herramientas gratuitas para hacer diseños espectaculares

Lúcete con tus diseños gráficos sin ser un experto en Photoshop. Con estos consejos y un poco de práctica lo vas a conseguir.

Elimina los fondos

Entra en stickermule.com/trace y verás de qué manera tan sencilla eliminas fondos de tus fotografías de forma automática. Tendrás la figura que hayas seleccionado con un fondo transparente y la podrás exportar y utilizar en cualquier diseño.

Consigue definición

Amplía tus fotos sin perder definición gracias a letsenhance.io. Gracias a la inteligencia artificial, esta herramienta te va a permitir corregir esas imperfecciones o imágenes pixeladas que no te servían para nada.

crea tu marca

Si necesitas un logo para personalizar tu proyecto y darle una marca única puedes utilizar hatchful.shopify.com: descubrirás una amplia galería de ideas que podrás personalizar.

Júntalo todo

Sí, puedes utilizar Canva, que es una herramienta que seguro que conoces, para completar tu proyecto. Pero te voy a recomendar también spark.adobe.com, muy fácil de usar y donde podrás completar tu diseño gráfico.

RECURSOS

✔ stickermule.com/trace
✔ letsenhance.io
✔ hatchful.shopify.com
✔ canva.com
✔ spark.adobe.com

#48 Descubre la máquina del tiempo en internet

No me dirás que nunca te ha interesado viajar en una máquina del tiempo y vivir algún tiempo pasado, más o menos remoto. Pues te sorprenderá saber que puedes hacerlo. Al menos en internet.

copias diarias

Operativa desde hace más de 20 años, web.archive.org lleva almacenadas 550.000 millones de páginas web, que se dice pronto, con copias prácticamente día a día. Eso nos puede permitir ver, por ejemplo, cómo era la página principal de Google hace dos décadas, cuáles eran los titulares de cualquier diario de una fecha determinada o descubrir las fotos que tenía colgadas tu prima en ese blog que escribía de jovencita.

Busca por fecha

Pero no son solo curiosidades o cotilleos. Imagínate que necesitas documentación que había publicado tu empresa hace cinco años o, directamente, un texto que publicaste y habías perdido. Seguramente lo encontrarás. Simplemente entra y busca por fecha. Te sorprenderá.

RECURSOS

✔ web.archive.org

#49 ¿Es seguro conectarme a una red wi-fi pública?

Es una de esas cosas que siempre te has preguntado, pero que posiblemente nunca has llegado a saber. Te has acabado conectando y punto. Te explico los peligros.

Programas espía

Lo primero que tienes que saber es que la institución o la empresa que ofrece esa red pública probablemente solo quiera ofrecerte el servicio, sin más. Por ahí no tiene que haber riesgos. El problema es si se conecta a esta red alguien con malas intenciones, que sí puede acceder a información sensible mediante los denominados «esnifadores de paquetes» para saber a qué webs estamos entrando y si en ellas existe algo de su interés.

Nada de tarjetas de crédito o débito

Aunque la mayoría de transacciones que realizamos son seguras y la información circula encriptada, no está de más tener en cuenta no utilizar tarjetas de crédito o débito conectadas a este tipo de redes.

Puertos abiertos

Otro riesgo son los puertos que dejan abiertos muchos sistemas operativos para que se puedan realizar conexiones con otros dispositivos, y que para un hacker con acceso a nuestra información son fácilmente franqueables.

Datos propios

Conclusión, que sí, que una wi-fi pública siempre nos puede salvar de un apuro, pero casi mejor navegar con nuestros propios datos o con datos compartidos por alguien de confianza, sobre todo cuando estamos realizando algún tipo de transacción o accediendo a diferentes tipos de servicios o cuentas personales.

#50 ¿Qué es eso del marketing deshonesto?

Muchas empresas llegan a nosotros por vías, digamos, poco éticas. Utilizando datos que nosotros mismos les ofrecemos, aunque sin saber la finalidad con la que van a ser usados. Ojo al dato.

Sin escrúpulos

Me gusta utilizar el ejemplo de una funeraria que he visto con mis propios ojos para enseñarte hasta dónde pueden llegar las empresas sin escrúpulos. El caso es que llega un comercial en un momento especialmente delicado para las familias para ofrecerle sus servicios.

Tarifas a la carta (de la empresa)

Lleva en la mano un iPad bloqueado, con un fondo de unos árboles o un paisaje, y comienza a hacer preguntas básicas para conocer los detalles del deceso. En un momento dado desactiva la pantalla pulsando en cualquier lado. La trampa es que según en qué zona desbloquee el aparato aparecen unas tarifas u otras, que elige según la información que acaba de obtener.

Así que ten en cuenta siempre la información que ofreces cuando tengas que contratar algún servicio.

#51 Otro tipo de marketing muy efectivo: el de nostalgia

Somos seres emocionales y muy, pero que muy manipulables. Es lo que tratan de conseguir –y consiguen– muchas empresas que nos hacen saltar la lagrimita. No se trata de que seas un témpano, pero cuidadín con las emociones, que las carga el diablo.

Noventeros

Los que hemos sido jóvenes o niños en los noventa somos unas de las víctimas más propicias de estas estrategias, pues se trata de un período de gran consumo con productos icónicos fáciles de recrear, aunque con características actuales, como las consolas retro.

Me lo como

Este fenómeno también ha llegado con fuerza a la alimentación, con el relanzamiento de marcas o productos que desaparecieron y que sin ni siquiera probarlos nos trasladan a viejos momentos siempre asociados con la felicidad.

Puedes dejarte manipular, pero que sea de una forma consciente y, si puede ser, un poquito crítica.

#52 vamos a por el marketing de interés

Si alguna vez te has preguntado cómo saben tanto las marcas de interés te propongo un reto. Hazlo mejor desde un ordenador que no sea el tuyo o bien no lo hagas desde tu cuenta de Google.

Intención de compra

Entra en cualquier web de una marca de coches y configura un modelo hasta el final. Sin llegar a comprarlo, claro. Lo que conseguirás es que no dejen de llegarte anuncios de coches. Has caído en lo que se conoce como la categoría de «intención de compra», muy preciada para las empresas y por la que están dispuestas a pagar un buen dinerito a las webs donde tú has clicado un anuncio.

voluntad de compra

Con otro ordenador u otra cuenta busca cualquier tema relacionado con la salud, no importa lo que sea. También te van a aparecer infinidad de anuncios sobre ese supuesto «problema» sobre el que has buscado información. En este caso, hasta has entrado en la categoría de «voluntad de compra».

Que sepas que cada vez que haces clic en uno de estos anuncios, estas marcas están pagando por tu interés en ellas.

#53 Y otra de marketing: el turno del «guarro»

¿Marketing «guarro»? ¿Pero eso qué es? Es una definición que no encontrarás en ningún sitio, porque me la he inventado yo. Me refiero básicamente a tres tipos de marketing deshonesto que quiero que conozcas.

Usurpación de identidad

Esta técnica es tan guarra como efectiva: una empresa pone un anuncio en Google en nombre de su competidor o utiliza técnicas SEO en nombre de su competidor para aparecer antes en las búsquedas. Y, claro, si tú buscas un servicio o un producto asociado a esa marca y encuentras una oferta mejor, ¿qué haces?

Falso directo

Pongamos ahora que buscas un tema que te interesa y, ¡oh casualidad!, está a punto de comenzar un webinar sobre ese tema. Te inscribes, das tus datos a vete a saber qué empresa y efectivamente empieza la sesión. Pero tu sorpresa viene cuando es imposible interactuar, ni participando ni enviando preguntas, porque ese webinar no es más que una repetición continua de un acto que ni se sabe cuándo se celebró. Muy feo.

Tonto el último

Sin ser deshonesto y casi siempre divertido, mención aparte merecen esas guerras de marcas más o menos explícitas. Que los fuertes se metan con con los de su tamaño siempre está bien y es una forma polémica, pero honesta, de que lleguemos a una marca.

#54 Haz que tu ordenador trabaje por ti

Seguro que muchas veces te has preguntado si ante una tarea repetitiva no sería posible que el ratón de tu ordenador se moviese solo o que la máquina memorizase unas rutinas y simplemente las ejecutase. Pues sí, es posible.

Automatiza tareas

Si tienes un Mac busca Automator o, en Windows, Mini Mouse Macro o ui.vision, que son herramientas con las que podrás automatizar tareas. Es tan sencillo como grabar una acción y después decir que la ejecute las veces que quieras. Tiene que ser una tarea que siempre sea repetitiva, como por ejemplo borrar posts de Instagram.

Que trabaje Rita

Ahora solo te queda comprobar que la acción se repite como esperabas, con el ratón moviéndose solo y repitiendo las acción que tú has programado. ¿Sale bien? Pues ya puedes irte a tomar un café y dejar que la máquina vaya trabajando por ti.

✔ Automator
✔ Mini Mouse Macro
✔ ui.vision

#55 vivir sin *spam* es posible (y hasta recomendable)

Bastante trabajo tenemos como para dedicarle tiempo a toda esa avalancha de correos que nos llegan ofreciéndonos de todo o, lo que es peor, tratando de hackearnos. Tengo tres trucos para liberarnos de todo esto. Y son efectivos.

El correo basura, o la *idem*

En web o *app* encontrarás CleanFox, que básicamente inspeccionará tu correo y te eliminará de todas las listas de *spam*. Repasa cuáles son antes de darlas de baja, no vaya a ser que esa Newsletter de quesos de tetilla sea para ti un *must*.

E-mail de un solo uso

El siguiente paso es activar un sistema de ofuscación de correo, como DuckDuckGo, que no es otra cosa que un sistema que te permite usar un correo de un solo uso para cuando tienes que rellenar cualquier formulario y la casilla correspondiente a *e-mail* la tienes que completar sí o sí con una dirección válida.

No se admite publicidad

Y, por último, puedes utilizar un bloqueador de anuncios y desactivarlo en esas webs a las que realmente quieras darles soporte y soportar sus anuncios, ni que sea con desinterés. Tienes, por ejemplo uBlock Origin.

✔ CleanFox
✔ DuckDuckGo
✔ uBlock Origin

#56 cómprate una cara en internet (o mejor un cuerpo entero)

La esclavitud, por suerte, hace más de un siglo que se abolió. Pero el mercadeo de rostros humanos está ahí gracias a la inteligencia artificial. Te explico cómo funciona. Y tú, ya, actúa como quieras.

catálogo de rostros gratuitos

Todo empezó cuando generated.photos empezó a ofrecer un amplio catálogo de caras generadas por su sistema de inteligencia artificial que renueva a diario y que te puedes descargar de forma gratuita. ¿Para qué? Pues para utilizar libremente en tus proyectos con la certeza de que no vas a tener problemas sobre derechos de imagen.

Me lo quedo

Tienes también la opción de comprar una cara, que pasa a ser exclusivamente tuya a cambio de un precio que va de los dos a los 15 dólares. ¿Por qué esta horquilla de precios? Pues no tengo ni idea.

Lo quiero entero

 Pero imagínate cuando esté en marcha el proyecto MetaHuman Creator, que permitirá crear también mediante inteligencia artificial cuerpos humanos en 3D con un nivel de detalle nunca visto. La cosa empieza a ponerse interesante.

RECURSOS

- ✔ generated.photos
- ✔ MetaHuman Creator

#57 compra tu nuevo iPhone (o cualquier producto de Apple) en el mejor momento

¿Estás pensando en cambiar de iPhone, en renovar tu iPad o tus iPods, comprarte un Mac o, directamente, pasarte a Apple? Te explico un truco para hacerlo en el momento adecuado.

El ojo que todo lo ve

Lo primero que tienes que hacer es entrar en Google y buscar MacRumors Buyer's Guide. Descubrirás una completa guía con muchos datos y consejos para comprar o no comprar un determinado producto, teniendo en cuenta toda su gama y la experiencia de los usuarios.

In Apple We Trust

Aunque Apple es una empresa muy hermética, siempre se filtran rumores sobre la aparición de nuevos productos o versiones de las que esta web es la Biblia. No en vano, para muchos Apple es una religión.

Lo importante es que no te fíes demasiado de las promociones que realizan muchas cadenas o la propia marca, ya que son la antesala de la retirada de un producto. En esta y en otras marcas, claro.

RECURSOS

✔ MacRumors Buyer's Guide

#58 Entérate de todo lo que Google y Facebook (perdón, Meta) saben de ti

¿De verdad no te has preguntado nunca lo que las grandes empresas tecnológicas saben de ti? No me lo creo. Si te interesa –que te interesa–, sigue estos pasos.

Facebook

Abre esta dirección: facebook.com/your_information/, y descubrirás que no solo tienen datos de tu historial de búsquedas o encuestas a las que has respondido desde la propia plataforma, sino los que le han proporcionado una gran cantidad de aplicaciones. Entre otros datos verás que aparecen compras que haces, cuándo las haces y cuánto dinero te gastas. ¿Te sorprende? Pues eso no es todo, porque Facebook no esconde que facilita esos datos a terceros, supuestamente con tu permiso, para que te ofrezcan sus productos y servicios si formas parte de su *target*.

Google

Para descubrir qué sabe Google de ti tendrás que entrar en myactivity.google.com y disfrutar del espectáculo. Si usas un teléfono Android descubrirás que la firma también tiene todas las ubicaciones de donde has estado, dónde vives, dónde te has gastado dinero, qué tarjetas de crédito o de débito has usado, tu perfil personal y tus intereses, que elaboran en función de tu comportamiento sin que tú hayas tenido que decirles nada al respecto.

Y ahora qué

Las dos páginas te ofrecen un botón donde puedes rechazar que tengan y utilicen toda esta información. No es la panacea, pero sí una forma de salvaguardar, ni que sea mínimamente, la privacidad.

RECURSOS

- ✔ facebook.com/your_information/
- ✔ myactivity.google.com

#59 Tres extensiones gratuitas sin las que no vas a poder vivir a partir de ahora

Estas tres extensiones quizás no te cambien la vida, pero te van a ayudar mucho en tu trabajo y en tu ocio. Y si no, al tiempo.

Un espía

La primera es Visualping para Google Chrome. ¿Qué hace? Pues vigilarte cualquier cambio en una web que le indiques: si estás buscando, por ejemplo, que salga una venta para un concierto, o que un medio de comunicación actualice una noticia. Además, puedes indicarle qué parte de la web quieres que te vigile, para que no te agobie más de lo necesario.

Un alias

Firefox Relay, también para Chrome, te permite crear un alias de tu correo electrónico en todos los servicios en los que te des de alta. Es decir, que ni la empresa que hay detrás de tu suscripción ni cualquier hacker que corra por ahí van a saber tu correo electrónico real. A ti te llegarán todas las notificaciones y, en un momento dado, también podrás desactivar este alias.

Un agrupador

Por último, si no eres muy sistemático en tu trabajo, tienes mogollón de ventanas abiertas y el ordenador te va súperlento, puedes utilizar Session Buddy, de nuevo también para Chrome. Te permite agrupar todas las pestañas en carpetas por temas para almacenarlas sin que te consuman recursos de memoria. Así que ya sabes.

RECURSOS

✔ Visualping
✔ Firefox Relay
✔ Session Buddy

#60 crea un *chatbot* humano

Esta una herramienta puede serte muy útil tanto para presentarte en redes sociales o en tu web como –pongámonos serios– para tu negocio, si es que lo tienes, claro.

Preguntas y respuestas

Videoask.com te va a permitir construir una especie de «Vive tu propia aventura» en pequeño formato. Es decir, unos vídeos breves en los que presentas varias opciones para que tu interlocutor pueda elegir una de ellas y a partir de ahí responder o dar nuevas opciones con otro breve vídeo personalizado. Puedes llegar a las ramificaciones y complejidad que quieras. Eso sí, te recomiendo una mínima planificación.

Un interlocutor humano

Con esto lo que consigues es personalizar en gran medida un frío cuestionario de preguntas y respuestas y atraer a tu interlocutor, que aunque no se sienta atendido personalmente, sí va a ver una cara que le ofrece una explicación o una respuesta.

RECURSOS

✔ Videoask.com

#61 No programador, una de las profesiones tecnológicas con más futuro

Estamos en un momento en el que están explotando las plataformas NO-CODE, aquellas que permiten programar sin código, creando desde aplicaciones móviles, webs e incluso juegos. Empresas como Netflix o Microsoft ya están lanzado ofertas de trabajo para estos «no programadores».

Entre amigos

Lo interesante es que este mecanismo para desarrollar sin programar aún no se enseña en ninguna universidad o escuela técnica. ¿Entonces cómo se aprende? Pues a través de comunidades *online* donde los supuestos expertos en estos «no lenguajes» también van aprendiendo. Las más populares son WebFlow, Bubble.io.

La oportunidad

Así que si alguna vez te habías planteado aprender a programar, o si se te acaba de ocurrir ahora, puedes echar primero un vistazo a estas nuevas tecnologías. Te conviertas o no en el Steve Jobs 4.0, puede que encuentres una buena oportunidad. Y si no, seguro que algo aprendes.

RECURSOS

✔ WebFlow
✔ Bubble.io

#62 Ilustra tus trabajos con esta web (que sí, que es gratuita)

Si no mejoras cualquier trabajo o documento con una ilustración que venga al caso es porque no quieres. Al menos, desde que conozcas esta herramienta.

Elige

Me refiero en concreto a la web blush.design, que nos permite realizar todo tipo de ilustraciones muy pero que muy personalizadas a partir de un amplio catálogo. Como te invita a hacer la propia página, explica tu historia con una iluistración.

Personaliza

Puedes seleccionarlas y definir muchos de sus detalles y después descargarlas (el tamaño pequeño es gratis, si quieres hacer un póster ya te tendrás que rascar el bolsillo). Todo ello sin ni siquiera necesidad de suscribirte.

RECURSOS

✔ blush.design

#63 Descarga y personaliza tus iconos

¿Eres de los o las que todavía utilizan puntos, paréntesis y apóstrofes para simular iconos? ¿Pero en qué siglo vives?

Tipos (no de los duros)

Probablemente ya conozcas fonts.google.com, y si no, nunca te acostarás sin saber una cosas más. Entra, y además de descubrir y descargar todo tipo de fuentes, te toparás con una pestañita que te ofrece miles de iconos, que también podrás descargar y utilizar.

Toda una iconografía

Pero aún hay más: se pueden personalizar. Color, relleno, grosor… adáptalos a tu gusto o al estilo de tus documentos. No te quejarás…

✓ fonts.google.com

#64 Hackea el algoritmo de Google para conseguir vuelos más baratos

Lo sabes de sobra: en un mismo avión hay gente que ha comprado su billete por 30 euros mientras que el pasajero que tienes al lado (que probablemente seas tú) ha pagado 300. ¿Cómo puede ser? Simplemente por el algoritmo de asignación, que ofrece las butacas en función de cómo se estén vendiendo. Lo que seguro que no sabes es cómo engañar al algoritmo. No pasa nada, yo te lo explico.

Mira y compara

Lo primero que tienes que hacer es entrar en flights.google.com y elegir tu destino y tu punto de origen. Y ahora viene lo más importante: en lugar de elegir tu fecha de salida tienes que pulsar el botón de las tarifas. Se te desplegará un calendario con todas las tarifas, día por día.

Encaje de bolillos

Ahora se trata solo de encajar los días de los que dispongas con las mejores tarifas que encuentres antes de seleccionarlas. Con un poco de margen vas a encontrar vuelos realmente baratos que si contratas con una mínima celeridad no se tienen por qué encarecer.

 RECURSOS

✔ flights.google.com

#65 ¿conoces la capacidad creativa de la inteligencia artificial?

Si me das una palanca, dudo que pueda mover el mundo, como prometió Arquímedes, pero si me das una idea estrambótica puedo hacértela realidad en un minuto. ¿Cómo? Te explico.

Dall-E

Los caminos de la inteligencia artificial son insondables y en el mundo del diseño gráfico te lo puede demostrar la tecnología DALL-E, que encontrarás en openai. com. ¿Que qué hace? Pues crearte una imagen de todo lo que le pidas, por absurdo que te parezca. Desde una imagen de un unicornio caminando por una oficina moderna o el Titanic encerrado en una botella en una creación al estilo de Picasso.

Transformer

Y eso no es todo, puedes elegir una gran diversidad de estilos para tus creaciones e incluso subir fotos de objetos, paisajes, bodegones reales y pedir que te los transforme, completos o una parte. Fliparás (en colores y hasta en blanco y negro).

RECURSOS

✔ openai.com

#66 ¿Y si creas tu propia película?

¿Crees que no serías capaz de crear tu propia película? De amor, de terror, un melodrama, algo *gore*… Yo estoy seguro de que sí. No porque crea que eres Steven Spielberg, sino porque te voy a enseñar cómo.

Empezemos por el guion

Se trata de hacerlo fácil. Así que lo mejor es que la inteligencia artificial nos escriba el guion a partir del pequeño resumen que le ofrezcamos en Playground de openai.com. Ni tú mismo o misma lo podrías hacer mejor.

Los personajes

Como no vas a tener ni a Dustin Hoffman ni a Julia Roberts trabajando para ti, no te va a quedar más remedio que crear tus personajes también con openai.com mediante la tecnología DALL-E que ya te he explicado. Genéralos en diversas situaciones y escenarios y los vas descargando.

Silencio, ¡acción!

Porque luego llega el momento de juntarlo todo, escena por escena, algo que podrás hacer fácilmente en Canva. Para empezar, intercalando los diálogos escritos en las secuencias, algo que te permite hacer fácilmente esta herramienta, y seleccionando una música de fondo para que el conjunto sea mucho más dramático. Y, ahora, a activar la reproducción.

RECURSOS

✔ Openai.com
✔ canva

#67 ¿Quieres clonar tu voz? (No hace falta que seas Pavarotti ni la Callas)

La tecnología siempre nos ha ayudado a progresar y ser mejores, aunque también se le pueden dar malos usos. Es precisamente lo que puede pasar con esta herramienta.

Adelante

Que conste que su uso es voluntario, y para asegurar que eres tú quien estás dispuesto o dispuesta a clonar tu voz tienes que leer un texto, así que no vale con una grabación cualquiera. ¿Cómo tienes que hacerlo? Entrando en descript.com/overdub y siguiendo unas sencillas instrucciones.

Piquito de oro

¿Y de qué nos sirve? Un caso práctico es si tienes la necesidad de ofrecer un discurso, una conferencia, una clase… O crear un *podcast*. Una vez tengas tu voz clonada, el programa simplemente necesita que leas el texto que te interesa. Por ejemplo, también puedes hacer un audiolibro personalizado con tu voz. También puedes dejar tu voz como legado, quién sabe.

¡Al loro!

Aunque la empresa que gestiona esta web nos promete que nunca va a utilizar nuestra voz para nada, vete a saber qué puede pasar si les hackean sus servidores o nos hackean a nosotros nuestro usuario, porque si alguien se hace con nuestra voz puede hablar con cualquiera en nuestro nombre. Así que, ¡al loro!

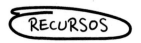

✔ descript.com/overdub

#68 No seas *boomer* y déjate ya de los powerpoints

Vamos a reconocerlo: hay programas informáticos que han marcado una época y revolucionado la forma de hacer o presentar nuestros trabajos, pero cuando ha pasado su época… no te quedes ahí atrapado. Una cosa es ser retro y otra muy diferente, estar desfasado.

cualquier tiempo pasado fue anterior

Quiero referirme, concretamente, a PowerPoint. Vale, fue la bomba, pero ahora ya es un churro. Así que entra en canva. com/website-builder y fíjate en lo que son ahora las presentaciones. No solo tiene muchísimas opciones para tus presentaciones y es súperfácil de usar arrastrando y cargando elementos, sino que te da un *link* para compartirlo y se adapta de forma automática a los dispositivos móviles.

Y encima te echa un cable

Para empezar y hacértelo más fácil te ofrece un sinfín de maquetas ya hechas que podrás ir modificando a tu conveniencia. Pero lo más importante (o no, pero bien vale la pena destacarlo) es que se trata de una herramienta totalmente gratuita.

RECURSOS

✔ canva.com/website-builder

#69 Otra herramienta (sin coste) para crear imágenes con inteligencia artificial

Instálate este programa y podrás crear todo tipo de imágenes, realistas o no, gracias a la inteligencia artificial. No te preocupes, enseguida sabrás darles uso y lo utilizarás más de lo que crees.

Ponte en marcha

Lo primero que tienes que hacer es entrar en github.com/cmdr2/stable-diffusion-ui en un ordenador con Windows, instalar el programa, descomprimirlo y ejecutarlo con «Start» para empezar a crear imágenes.

Por pedir que no quede

¿Qué le podemos pedir? Realmente cualquier cosa, añadiéndole unos atributos para que te cree una imagen realista, de animación, un dibujo… Y lo mejor: todo ello de forma totalmente gratuita. Ponte a pedir.

 RECURSOS

✔ github.com/cmdr2/stable-diffusion-ui

#70 conviértete en un entrenador/a de inteligencias artificiales

Créetelo o no, pero esto tiene toda la pinta de tener mucho futuro. De momento ya hay mucha gente ganándose un buen dinerito. ¿Cómo? Pues entrenando inteligencias artificiales.

La fórmula de Coca-Cola

Si quieres ver de qué va esto lo primero que tienes que hacer es entrar en prommtbase.com y te encontrarás con que hay a la venta una serie de frases, que no dejan de ser fórmulas, para que una inteligencia artificial de creación de imágenes genere algunas con un estilo muy particular y atractivo. Quienes las venden, simplemente, han dado en el clavo y tienen esa fórmula que te puede resultar interesante, hasta el punto de estar dispuesto o dispuesta a pagar por ella.

Doma a las fieras

Así que si vas probando y consigues una frase perfecta para generar un tipo de imágenes muy especiales puedes ser tú quien las ponga a la venta. Es el primer paso para convertirte en un o una hábil entrenador o entrenadora de imágenes. O llámalo domador o domadora.

RECURSOS

✔ prommtbase.com

#71 Tres trucos imprescindibles que debes conocer desde tu iPhone

Sí, tu iPhone es un pozo de sorpresas. Hasta el punto que para conseguir hacer estos tres trucos no tendrás siquiera que ir toqueteando y explorado menús. Basta con un simple pantallazo.

Firma cualquier documento

Imagínate que tienes que firmar rápidamente un documento. Pues ve a por él, haz una captura de pantalla y verás que en las opciones para editar la imagen te aparece la de firmar. Así que firma con el dedo, arrastra esa firma adonde deba ir (verás que la puedes ampliar y reducir), recorta el documento para que quede niquelado y guárdalo como imagen.

Destaca

Dos. Ahora resulta que quieres enviar una captura de lo que tienes en pantalla, pero quieres destacar algo sin tener que hacer ese círculo guarrete garabateado. No pasa nada, también verás cómo en las opciones para editar ese pantallazo tienes la opción de lupa. Seleccionas y luego cambias la opacidad de lo que queda fuera de esa selección de lupa. Con las herramientas está chupado, ya verás.

Envía toda una web

Y tres. Si lo que quieres enviar es una web, no envíes solo el pantallazo. Hazlo y verás cómo también te aparece la opción de página web completa. La seleccionas y ahí la tienes, enterita, visualizable como una imagen o un .pdf.

#72 Mejora tus imágenes generadas con inteligencia artificial

Sí, lo sé, te estoy dando bastante la vara con esto de las imágenes creadas a través de la inteligencia artificial. Pero te aseguro que este truco te va a valer la pena. Y si no te interesa, pues nada, pasa al siguiente.

Busca y compara

Ya sabes que la clave para generar buenas imágenes, o al menos que se acerquen lo máximo a lo que esperas, son los textos o *promts* que indicas a la inteligencia artificial. ¿Y cómo sé cómo deben ser? Pues repasando galerías de estas imágenes y deteniéndote en las que más se aproximen a lo que buscas.

Copia y pega

Puedes hacerlo, por ejemplo, en lexica.art y cuando encuentres alguna que te convenza puedes pedir al clicar sobre ella el *promt* o frase que se usó para generarla. Y, además, te permitirá entrar en otra galería de imágenes similares.

Explícate bien

Más allá de inspirarte en lo que han generado otros, el truco en realidad es ofrecer a la inteligencia artificial todo tipo de detalles sobre lo que queremos conseguir para que te genere esa imagen perfecta.

✔ lexica.art

#73 Tres profesiones que la tecnología puede eliminar en breve

No queremos que nadie se quede en el paro, la verdad, pero más nos vale estar atentos a algunos oficios que la tecnología puede llevar a la extinción. Ya lo sabes, la información es poder.

chófer

Pues sí, el conductor profesional, el chófer, puede tener los días contados. Hablamos de conductores de autobús, de taxi, de camión, de servicios como Uber... Sí, porque paradójicamente Uber invierte parte de sus beneficios en investigación sobre el vehículo autónomos.

Autoescuelas

Tanto la autoescuela como el profesor de autoescuela pueden pasar a mejor vida en el momento en el que ese vehículo autónomo del que hablamos se acabe de desarrollar gracias a su propia tecnología y a la conexión que prometen en 5G, 6G...

Teleoperadores

Pues sí, esos también. Está claro que la inteligencia artificial avanza a pasos agigantados y pronto no sabremos si al teléfono nos atiende una persona o un robot. Un poco triste, pero si nos resuelve nuestro problema o nos saca de un apuro...

#74 Que la inteligencia artificial se curre las ilustraciones de tus cuentos

Imagina que contases un cuento en voz alta y, a la vez, un ordenador fuese ilustrando tu relato. Muy bonito, sí, pero más fantasioso que tu relato, ¿verdad? Pues resulta que no. Es más fácil de lo que crees. Mira cómo.

Apuntes al natural

Para que se obre el milagro empieza por instalar en tu ordenador Stable Diffusion, una herramienta totalmente gratuita que te permitirá hacer de este sueño una realidad. Eso sí, necesitas una tarjeta gráfica potente.

Habla por los codos

A partir de ahí solo tenemos que convertir nuestra voz en texto gracias a ls herramientas que ya incorporan las últimas versiones de Windows o MacOs. Recuerda que en el primer caso la transcripción automática de voz se activa con el botón de «Windows+H» y en el segundo pulsando dos veces la tecla «Control». Y, ahora, a ver cómo la inteligencia artificial interpreta tu relato. ¡Ojo!, igual te supera.

RECURSOS

✔ Stable Diffusion

#75 Qué son los fondos Next Generation y cómo conseguirlos

Si tienes una empresa entre uno –tú– y nueve empleados o bien conoces a alguien que la tenga (por ejemplo, tu prima) tengo que contarte algo que seguro te va a interesar. Si no, pues nada, olvídalo después de ver de qué hablo.

Será por dinero...

A raíz de la covid, la Unión Europea creó unos fondos específicos para que cualquier empresa pequeña se digitalizase y pudiese crear su página web, su tienda *online*, sus redes sociales o sus diferentes recursos digitales sin tener que dedicar a ello nada o casi nada. Fíjate que si la empresa tiene uno o dos empleados la ayuda es ya de 2.000 euros, y de ahí para arriba.

 ## Sigue los pasos

Todo esto está muy bien, pero cómo consigo la ayuda. Tranquilo o tranquila, que en Vodafone Empresas ya han hecho parte del trabajo por ti y ellos se encargan del papeleo y la gestión. Simplemente tienes que seguir los pasos que te ofrecen en https://www.vodafone.es/c/empresas/es/fondos-europeos-next-generation/

RECURSOS

✔ https://www.vodafone.es/c/empresas/es/fondos-europeos-next-generation/

#76 conviértete en un nómada digital (si quieres, ¿eh?)

¿Te imaginas que Airbnb y WeWork tuviesen un hijo? Es una burrada, pero si nos referimos a la suma de conceptos no imagines más, porque esto ya está inventado y cada vez más empresas ofrecen en grandes ciudades de todo el mundo la oportunidad de trabajar y vivir en espacios comunes con otros emprendedores.

un nuevo concepto

La idea es buscar uno de estos espacios en la ciudad que elijas para poder trabajar en solitario o junto a otros emprendedores o nómadas digitales y disponer además de una habitación o un pequeño apartamento para ti. De ahí que normalmente sean edificios enteros.

coworking y coliving, no veas

Aquí lo importante es el concepto de comunidad, ya que no solo te encuentras puntualmente con gente con la que compartes un *coworking*, sino que incluso convives con ella, ya que estos espacios suelen tener lugares de encuentro más allá del trabajo, como clubes sociales donde celebrar éxitos. Qué más puedes pedir. Así que ya sabes: menos trabajar en remoto en solitario y más compartir y convivir.

#77 Hacer magia con fotos antiguas

Hemos hablado mucho de cómo restaurar fotos antiguas, pero nunca está de más ir añadiendo truquillos que te ayudarán con esas imágenes antiguas y estropeadas. Al menos esto te va servir para digitalizarlas, que ya toca.

Restaura

Este truco igual ya te lo conoces. Da lo mismo. Si no arreglas las imperfecciones de tus fotos en papel, todo lo que hagas no dejará de ser una chapuza. Así que entra en myheritage.es/photo-enhancer y deja que el programa dé resolución a la imagen y arregle de forma automática todos sus desperfectos. Ya sabes: ralladuras, puntos, zonas quemadas o desenfocadas… Ahora, con la misma herramienta, dale color. Verás cómo en el menú encuentras la forma de hacerlo.

Dale vidilla

Pero aún hay más. Ya que estamos, ¿por qué no dar vida a esas imágenes rescatadas del pasado? ¿Te imaginas cómo era en realidad la gente que aparece en esas fotos? Pues, nada, sube la imagen a app.tokkingheads.com y selecciona uno de los vídeos de base que encontrarás. Verás cómo la imagen que al principio no te decía nada cobra vida.

RECURSOS

- ✔ myheritage.es/photo-enhancer
- ✔ app.tokkingheads.com

#78 ¡Cuidado con las capturas de pantalla!

¿Sabías que no te puedes fiar de las capturas de pantalla que te envían? Pues si no lo sabías yo te voy a explicar el por qué.

cómo «hackear» cualquier web

Es muy sencillo y verás cómo tú mismo puedes hackear cualquier web simplemente con pulsar el botón derecho y pulsar «Inspeccionar» en cualquier web que estés visitando. O bien en una conversación de WhatsApp que tengas abierta en el ordenador. Con un poco de maña verás que puedes modificar muchos campos en el lenguaje html y modificar muchos campos de lo que estás viendo en pantalla.

De la captura al engaño

A partir de ahí, con el campo que te interesa modificado, podrás añadir a tu gusto un intercambio de mensajes, cambiar un titular de prensa, modificar el saldo de una cuenta bancaria… prácticamente lo que quieras. Lo siguiente es, simplemente, hacer una captura de esa pantalla modificada a tu interés. Y lo peor es que así, sin más, se practican un montón de estafas. Así que a partir de ahora no seas tú quien caigas en la trampa.

#79 conviértete en Jeff Bezos (no, no va de hacerte millonario o millonaria)

¿Cuál es el secreto de Jeff Bezos para crear un gigante como Amazon y hacerse riquísimo? Pues no tengo ni idea, pero sí sé cómo hace las reuniones de empresa y al menos podemos copiarle el método y a ver si suena la flauta.

Fuera powerpoints

La primera norma que impuso el magnate en sus encuentros de trabajo fue prohibir los powepoints. ¿Por qué? Pues básicamente porque cualquiera que presente un proyecto así pierde muchísimo tiempo, tanto preparando la presentación como exponiéndola leyendo pantalla por pantalla.

Leer y hablar

A partir de ahí creó un método (y hablamos ya del año 2004) que muchas firmas utilizan. Es tan sencillo como que quien tenía que exponer algo debía hacerlo por escrito. Los participantes en la reunión tenían 20 minutos para leer en silencio ese texto. Cuando lo habían hecho, se abría otro tiempo de 20 minutos para debatirlo y tratar de sacar conclusiones. Así se garantizó que las reuniones fueran más cortas, más concretas y, sobre todo, más productivas. ¿Cómo lo ves? ¿Te apuntas a los métodos de trabajo de Bezos? Luego no te quejes si no te sonríen los negocios.

#80 Superar miedos gracias a la inteligencia artificial

La inteligencia artificial está alcanzando límites tan insospechados como sus usos, y uno muy práctico es acabar con algunos de los miedos infantiles más recurrentes.

El monstruo maligno

Hay muchos niños y niñas que tienen terribles pesadillas con todo tipo de monstruos. Pues bien, desenmascaremos a esa entidad maligna. Lo primero que debemos hacer es que nos describan a ese horrible personaje con todo lujo de detalles, y a partir de ahí ya lo podemos hacer realidad gracias a los programas que convierten descripciones en imágenes, como open.ai.

Y el monstruo adorable

Pero ¡ojo!, que aquí viene el truco, que no es otro que realizar una manipulación bienintencionada: señalar a la inteligencia artificial que esos monstruos deben resultar adorables o entrañables. De esta manera conseguiremos una imagen que convertirá en realidad ese monstruo maligno, pero transformado en un ser al que es imposible temer.

El mejor monstruo

Otra idea es animar a ese niño o niña a pensar en la imagen más estrafalaria que se les pase por la cabeza y hacerla también realidad mediante un dibujo generado por la inteligencia artificial. Es un juego que despierta la imaginación de cualquiera y con el que nos podemos divertir muchísimo.

RECURSOS ✔ open.ai

#81 ¿Conoces los bancos de tiempo?

Esto que te voy a contar puede sonarte a chino y en buena medida lo es, porque es allí, en China, donde con más interés se ha empezado a aplicar.

Ahorra horas

A ver, ¿qué es eso del banco de tiempo? Pues simplemente un modelo que te permite acumular las horas que dedicas, básicamente, a fines sociales, principalmente con gente mayor. Cada hora que dedicas es una hora que almacenas en tu cuenta.

Gástalas

Muy bien, ¿y qué saco de eso? Pues simplemente que cuando seas mayor o precises atención tendrás esas horas acumuladas que te dedicarán a ti. Un modelo sencillo y práctico que se aplica en países donde la pirámide demográfica no solo hace insostenible un modelo de pensiones, sino un modelo de atención.

El tiempo es oro

En Pekín, por ejemplo, este modelo ha llegado al extremo de que si acumulas 10.000 horas trabajadas para los demás te garantizan una plaza en un centro de atención de mayores. Ahora bien, alcanzarlas supone dedicar cinco horas diarias durante 40 años. ¿Aceptas el reto?

#82 ¿Te has preparado para el fin del mundo?

Lo que te voy a explicar probablemente no te va a servir de nada. O sí, para saber qué preocupa a los que tienen mucho dinero y se preparan para el fin del mundo. ¿Tú ya lo has hecho?

¿Las dudas

La historia parte de un peculiar consultor, el profesor de la Universidad de Nueva York Douglas Rushkoff, que investigó qué pasaría en caso de una catástrofe que pusiese en serio riesgo el planeta, y explicó cómo cinco grandes fortunas le pagaron 50.000 dólares para resolver las grandes preguntas que tenían sobre ese momento final.

¿Alaska o Nueva Zelanda?

La primera cuestión destacada era el lugar más adecuado para sobrevivir a una gran crisis nuclear, con la disyuntiva puesta entre Alaska y Nueva Zelanda. Así que ya tienes una pista: en caso de invierno nuclear ve buscando un vuelo a estos destinos.

La hora de las criptomonedas

La segunda fue si era mejor bitcoin o ethereum para conservar sus fortunas, dando por descontado que la economía convencional se iría al traste y, por fin, sería el momento de las criptomonedas, algo difícil de creer con el panorama actual.

Quién manda aquí

Y la tercera inquietud era cómo conservar la autoridad sobre el personal de seguridad una vez instalados en el búnker a prueba de todos los peligros exteriores. Es decir, cómo evitar que quien está a tu servicio para protegerte y tiene las armas y la fuerza no se convierta en el jefe en una situación extrema.

#83 ¿Sabes lo que realmente es la wi-fi? Aparte de algo para conectarte a internet, digo

Sí, ya sé que te conectas todo el tiempo y en todas partes mediante estas redes que han hecho que los cables hayan pasado a la historia, pero cómo funciona esto de la wi-fi.

Lenguaje binario

Ya sabes que el lenguaje de ordenadores y móviles no es más que una acumulación de ceros y unos. El lenguaje binario, vamos. Pues lo que hace la wi-fi no es más que encajar esos unos y ceros en las ondas de radio que se transmiten gracias a nuestros dispositivos y los *routers* que tenemos instalados allí donde hay una red wi-fi.

A toda pastilla

El proceso, en teoría es sencillo. Su velocidad depende de la cantidad de ondas electromagnéticas. La wi-fi transmite información en una frecuencia de 5Ghz. Imagina que una ola llega a la orilla cada segundo, pues las ondas de wi-fi lo hacen 5.000 millones de veces por segundo.

¿Y cómo metemos los ceros y los unos?

Y la pregunta es: ¿cómo metemos los ceros y los unos en esas ondas? Pues de dos formas. Diferenciando su amplitud, haciendo que las ondas más cortas sean unos y las más anchas sean ceros o bien que las más altas sean unos y las más bajitas sean ceros. Y eso es todo.

#84 Lo que no te cuentan de la experiencia de viajes en primera clase

Hay mucha gente que lo hace a menudo y no le da ninguna importancia, pero yo he tenido la oportunidad de viajar por invitación en un vuelo en primera clase y quiero compartir contigo mi experiencia.

A cuerpo de rey (o de reina)

Lo primero que me sorprendió es que en la primera clase de Emirates tienes tu propia habitación privada. Con tu cama, tu mesa, un minibar y hasta un pequeño tocador con tu neceser. Vamos, que te puedes encerrar allí y aislarte del mundo mientras el avión cruza medio ídem. En Qatar Airways incluso puedes juntar dos habitaciones y montarte una suite. Oye, y te dan hasta el pijama para ir a dormir, por si no tienes uno a mano.

Que no nos falte de na

Lógicamente tienes duchas y hasta un bar de lujo específicamente para los pasajeros de primera clase, por si quieres pasar el vuelo tomándote unas copas –o unos cafés– y haciendo amigos. Y cuando llega el momento de comer tienes un menú de seis páginas en el que encontrarás desde lo más sencillo a lo más sofisticado. Para todos los gustos, vamos.

Por cuatro duros, oye

¿Y el precio? Pues entre 10.000 y 20.000 dólares un viaje de ida y vuelta. Calderilla para los habituales. Menos mal que a mí me lo pagaron. Ahora ve buscándote alguna excusa y un patrocinador para embarcarte.

#85 Caza al vuelo esa gran idea y crea un prototipo

Seguro que a ti también te ha pasado: estás trabajando y se te ocurre la idea del siglo. ¡No la dejes escapar! A ver si te vas a hacer rico o rica y no lo sabes.

Diseña

Si esa idea es crear una ingeniosa aplicación, que es a lo que vamos, lo primero que tienes que hacer es dibujar en un papel las pantallas que tienes en la cabeza. Cuando las tengas tendrás que descargar la aplicación Marvel, que es gratuita. Solo tendrás que poner un nombre al proyecto, fotografiar y subir tus diseños.

Pruébala

A partir de ahí verás que es muy fácil montar toda la aplicación, indicando los campos donde el usuario podrá o tendrá que clicar y las conexiones entre pantallas. Cuando lo tengas, pasa al modo prueba, para ver si funciona como esperas o si necesita aún algún ajuste.

Hazla bonita

Y por último, para mejorar el diseño tendrás que buscar un logo y una imagen corporativa con cualquiera de estas herramientas: logo.com, instantlogodesign.com, canva.com/logos o looka.com/logo-maker. Y ahora, a probar tu *app* y a ver si funciona y se convierte en un éxito. Al menos, ya la puedes presentar en sociedad.

 RECURSOS
- ✔ Marvel
- ✔ logo.com
- ✔ instantlogodesign.com
- ✔ canva.com/logos
- ✔ looka.com/logo-maker

#86 Conviértete en poeta por la cara

Te propongo combinar varios de los trucos de los que ya hemos hablado alguna vez para que escribas un poema de tu puño y letra a esa persona especial, aunque con una pequeña trampa: el ordenador lo hará todo por ti.

con tu propia letra

Lo primero es hacer que el ordenador escriba con tu propia letra, algo que conseguirás gracias a calligraphr.com/es. Tendrás que rellenar unas plantillas con tu letra, en mayúsculas y minúsculas, y subirla al programa mediante una foto que puedes hacer con el móvil.

Al dictado

Después simplemente dicta utilizando las herramientas de transcripción automática que ya tienen las últimas versiones de Windows y MacOs. En un caso mediante la tecla de «Windows+H» y en el otro pulsando dos veces «Control».

No es verdad, ángel de amor···

Pero escribir un poema ya es otra cosa: ¿y si no te viene la inspiración? No pasa nada, para eso está la inteligencia artificial, que puede echarte un cable. Así que déjate de historias y pide a open.ai que lo escriba por ti. Y listos.

RECURSOS

✔ calligraphr.com/es
✔ open.ai

#87 ¿Sabías que un caballo puede escribirte los correos electrónicos?

Ya sabes de sobra que me gustan las cosas *friquis*, pero esta es una de las que superan todas las expectativas. Porque las mentes más brillantes de Islandia han creado un novedoso y sorprendente sistema para que los caballos salvajes respondan tus *e-mails*.

Tecleando

Sí, es una tontería sublime, pero es real. Nada de un caballo creado por inteligencia artificial o algo así. El sistema se basa en un teclado gigante que los caballos van pisoteando pulsando sus teclas. Y basta con que te suscribas a outhorseyouremail.com, señales las fechas en que no estarás operativo y dejes que los caballos vayan respondiendo.

Dale el visto bueno

Por si acaso no te fías verás en un vídeo cómo el caballo o los caballos en cuestión van tecleando, te sugieren un texto y, en cuanto des tu visto bueno, arreando.

RECURSOS

✓ outhorseyouremail.com

#88 Ilustradores humanos versus inteligencia artificial

Como ya habéis visto, la inteligencia artificial es capaz de hacer maravillas, y en el mundo de la ilustración, los profesionales ven su trabajo en peligro. ¿Quién es capaz de reflejar mejor una realidad determinada? Y aún más importante: ¿Qué tipo de ilustración crees que gusta más?

El experimento

Yo he hecho un experimento que te invito a hacer. Es tan sencillo como encargar a un ilustrador, pagando o pidiendo un favor, un tipo de dibujo con un estilo determinado, y proponer a tecnologías como las de DALL-E o MidJourney que realicen el mismo tipo de ilustración con el mismo estilo.

Las votaciones

A partir de ahí juzga tú mismo o crea un jurado que te diga qué refleja mejor lo que explicas o cuál de las ilustraciones tiene más impacto. Y, ya sabes, si tienes algún proyecto que necesites ilustrar, elige la opción que mejor se adapte a tus expectativas.

RECURSOS

✔ DALL-E
✔ MidJourney

#89 ¿Quieres crear una blockchain? (lo siento, no vas a ganar un triste bitcoin)

Pasito a pasito

Empieza por entrar en blockchaindemo.io y sigue, si te apetece, la guía que te ofrece, que te permitirá paso a paso crear tu cadena de bloques. Es una demo, así que no ganarás nada ni te servirá para nada. O para entender qué es y cómo funciona, que no es poco.

Encadenados

Verás que hay dos elementos básicos: los bloques, que se van generando y ubicando uno tras otro entrelazándolos, y los nodos, que no son más que las personas que comparten la forma en cómo está construida la cadena, con toda su información, y que le aportan robustez.

¿Y ahora qué?

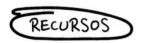

Vale, ya la tienes, ¿y ahora qué? Pues ahora nada, porque no la puedes utilizar para nada ni sacarle otro provecho. Pero piensa que serás una de esas escasísimas personas que cuando habla de *blockchain* al menos sabrás cómo se crea y qué apariencia tiene. Que serás un privilegiado o una privilegiada, vamos.

RECURSOS

✔ blockchaindemo.io

#90 ¿Cómo será la educación en el futuro? (pues no habrá exámenes, no te creas)

Te lo habrás preguntado mil veces, o quizás ninguna, pero de todas formas te lo voy a explicar. ¿Quieres saber cómo será la educación en el futuro? Aunque sea una fase superada, te adelanto que no habrá exámenes.

Inteligencia artificial

Ya te he mostrado herramientas de inteligencia artificial que te permiten escribir cualquier exposición o trabajo como beta.openai.com/playground que, además, pasa la prueba de cualquier detector de plagios como un texto original. Porque lo es, claro. Así que eso de los trabajos lo descartamos ya.

A currártelo por proyectos

¿Entonces, qué? Cada vez son más las voces que defienden el modelo De-Ed (de Decentralized Education), que consiste en clases más cortas que las actuales, de apenas entre 5 y 15 minutos, que sirvan de base para proyectos en común que ocuparían el resto de la clase, hasta alcanzar, por ejemplo, la hora.

Desde casa

Lógicamente, el modelo no tiene por qué ser presencial, y de esta manera podrán asistir a la misma clase y compartir proyectos alumnos de muchos lugares. Tampoco será necesario que esté el profe o la profe, que seguramente interaccionará o corregirá de forma asíncrona. Es decir, comunicándose mediante un vídeo grabado. ¿Cómo lo ves?

#91 ¿Un idioma de solo tres palabras? (Sería fácil de aprender, ¿eh?)

¿Es posible? ¿Si damos a una inteligencia artificial tres palabras sería capaz de crear un lenguaje mínimamente complejo y con sentido? He querido probarlo y te lo explico.

una, dos y tres

Lo primero es pensar en esas tres palabras. En mi caso decidí dedicar una a «hola»: Sinatra, otra a «gato»: *chewbacca*, y la última a «te quiero»: *whopper*. Y las introduje en una web con motor GPT-3. Si ese de los chatpots.

El milagro

Qué pasó, pues que al margen de mis palabras empezó a generar otras básicas, empezando por los números, aunque limitando a un único concepto toda la familia semántica de frutas y verduras.

Me emocionó

Y sí, empezó a crear frases con mis palabras. Como «Mi chewbacca andy whopper», que entiendo que es «soy un gato y te quiero». No dirás que no es emocionante. Creo que voy a usar este lenguaje para comunicarme a partir de ahora. Si ves algo raro, ya lo sabes.

#92 Atrévete con la robótica (tengas la edad que tengas)

Sí, tú puedes. Aunque no te lo creas, si te pones, vas a conseguir programar robots. Y aunque no te lo creas, responderán a tus órdenes. Y tranqui, que no se te van a rebelar.

El trenecito

Lo mejor es empezar con algo sencillo y yo siempre recomiendo el tren de Duplo programable. Puede parecerte una chorrada, pero ya verás que es interesante ver cómo el dispositivo bluetooth que lleva le hará moverse como tú le ordenes desde la aplicación específica desde tu teléfono móvil.

¡Ojo!, que esto va en serio

Después de esto podrás subir un nivel buscándote un robot de la gama Mindstorms Robot Inventor, que pueden ser programados desde un ordenador, un *smartphone* o una tableta con muchas funciones. Además de los motores, disponen de sensores que te permitirán interactuar con elementos externos y reconocer colores.

Profesional

Si ya das el salto tendrás que buscarte un miniordenador como los Raspberry Pi Arduino para crear robots todo lo avanzado que quieras y programarlos a través de diversas aplicaciones y softwares especializados. Ya me contarás.

RECURSOS

✔ Tren programable Duplo
✔ Mindstorms Robot Inventor
✔ Raspberry Pi Arduino

#93 Una profesión de futuro: diseñar bosques (no, no son jardines grandes)

¿Tienes planes de futuro? ¿No sabes qué vas a hacer con tu vida? Te doy una idea: ponte a diseñar bosques, pero en serio, de forma profesional. Para luchar contra la crisis climática se va a necesitar mucha gente que lo haga.

Revertir las emisiones

Pues sí, la forma más efectiva de revertir las emisiones está claro que es contar con frondosos bosques que capten el CO_2. Hay muchas iniciativas para plantar esos bosques y conseguir las especies y las zonas más adecuadas. Echa un vistazo, por ejemplo, a fundacionrepsol.com/es/motor-verde/ y verás de qué hablamos.

Tus nietos (o los de otros) te lo agradecerán

Es una profesión de futuro y, sobre todo, para futuras generaciones, que son las que aprovecharán este trabajo, siempre que esté bien hecho, claro. De ahí su importancia. Piensa que en España los bosques pueden aportar ni más ni menos que un 92% de las soluciones climáticas naturales. Además de crear empleos rurales en zonas despobladas. Ya lo sabes, así que anímate.

RECURSOS

✔ fundacionrepsol.com/es/motor-verde/

#94 cuando programar es cosa de niños (y no tan niños)

¿Quieres enseñar a algún niño a programar? O te lo planteo de otra forma: ¿quieres aprender a programar como un niño? Pues ojo al dato.

Algo sencillito

La mejor respuesta a cualquiera de las dos preguntas anteriores es empezar con Lego. Sí, como lo has leído. Y el primer paso está en buscar la gama Coding Express, diseñada para niños de 2 a 5 años. Verás que son unas sencillas vías y un tren que sabe leer los colores de los sensores que le ponemos en su camino. Se trata de dar órdenes al tren mediante unos códigos, que no deja de ser programar.

Llega la complejidad

Después tenemos Lego Mindstorm, ya a partir de los 10 años, con Robot Creator como uno de sus productos más atractivos. Puedes crear o ayudar a crear un perro y, una vez montado y operativo, programarlo para que siga una pelota, diferencie colores… múltiples posibilidades que hacen al niño –o al adulto– aprender mientras se lo está pasando bien y fijándose retos. Lo dicho: a programar.

RECURSOS

✔ Lego Coding Express
✔ Lego Mindstorm

#95 crea tu propio póster o mural (e imprímelo en casa)

¿Nunca has pensado hacer un póster con alguna de tus hazañas de la infancia o la juventud? ¿Y aquel posado para decorar toda una pared? Te voy a enseñar una herramienta, que además es gratuita, para que puedas cumplir ese sueño. Sea cual sea tu mural, lo podrás imprimir en casa.

Sube esa foto

Empieza por entrar en blockchaindemo.io y sigue, si te apetece, la guía que te ofrece, que te permitirá paso a paso crear tu cadena de bloques. Es  una demo, así que no ganarás nada ni te servirá para nada. O para entender qué es y cómo funciona, que no es poco.

Mucha maña

Verás que hay dos elementos básicos: los bloques, que se van generando y ubicando uno tras otro entrelazándolos, y los nodos, que no son más que las personas que comparten la forma en cómo está construida la cadena, con toda su información, y que le aportan robustez.

RECURSOS

✔ blockposters.com

#96 Microsoft ya tiene su propia herramienta para diseñar, ¡descúbrela!

Pues sí, tonto el último. Microsoft no quiere quedarse fuera del éxito que están teniendo los programas de diseño en línea como Canva y ha creado su propia herramienta de diseño gráfico. ¿Te la enseño? (Lo iba a hacer de todas formas.)

Sin descargar nada

Para acceder tienes que entrar en designer.microsoft.com. Puede ser que, de entrada, pida que te apuntes en una lista de espera. Si es así, hazlo, que va rápido. Y cuando estés dentro ya verás cómo su uso es fácil e intuitivo, con cajas de imagen y texto que podrás mover y editar sin complicaciones.

Imágenes por IA

Una de las novedades de esta herramienta es que te da la opción de crear imágenes a través de inteligencia artificial. Además, te ofrece un montón de plantillas relacionadas con el tema que estés creando, para ponértelo aún más fácil. Y, por último, descarga tu diseño o envíalo directamente a redes sociales desde el mismo programa, sin que tengas que instalar nada. ¿Qué más puedes pedirle? ¿Qué sea gratis? Pues lo es.

RECURSOS

✔ designer.microsoft.com

#97 ¿Quién lee los términos y condiciones? Pues que sepas que supone no hacerlo

Sí, leer los términos y condiciones cuando contratas algún servicio o te registras en alguna plataforma es un rollo. No creas que solo eres tú quien no lo hace. Lo normal es marcar la casilla de leído y listos. ¿Pero sabes los peligros de no hacerlo? Te lo explico.

Un rollazo

Empecemos por decir lo que es una evidencia: los términos y condiciones están hechos para que no los leas y, en el caso de que lo hagas, para que no los entiendas. ¿Llevo o no razón? Fíjate si no: los de Twitter tienen más de 5.000 palabras; los de Tinder, más de 6.000, y los de Microsoft, más de 15.000. En comparación, la Constitución de Estados Unidos tiene poco más de 4.500.

Bigdata

Lo que firmamos habitualmente es la autorización de estas plataformas y servicios, fundamentalmente cuando no pagamos nada, de que gestionen nuestros datos, los utilicen e incluso los comercialicen. Desde que Meta compró WhatssApp, en sus términos y condiciones aceptamos que Facebook tenga nuestros datos y nos ofrezca publicidad en función del uso que hacemos del servicio de mensajería.

Ojo al dato

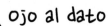

¿Qué podemos hacer? Quien quiera dedicarse a una lectura concienzuda de términos y condiciones quizá consiga desentrañar a qué se expone. En cualquier caso, lo que debemos tener claro es que todas esas aplicaciones y servicios completamente gratuitos sacan algo valioso de nosotros: nuestros datos, basados en nuestra actividad. Que lo sepas.

#98 Evita esas reuniones innecesarias que solo te harán perder tiempo

Probablemente hayas asistido a una de esas reuniones insustanciales, presenciales o en remoto, que bien podrías haberte ahorrado. ¿No se podría haber resuelto en un correo de cuatro o cinco líneas? Probablemente sí, o incluso sin necesidad de un correo. Si te toca ir, poco podrás hacer, pero si lo que te toca es convocarla deberías tener varias cosas en cuenta.

Tú sí, tú no

Lo primero que debes plantearte antes de convocar una reunión es quién es realmente necesario que asista. Parece una tontería, porque lógicamente ya convocas a quien tiene algo que ver con lo que se tiene que tratar. Pero si te lo pones a pensar un minuto (cómo no), verás que lo que te digo no es una burrada.

¡Opina!

Porque en una reunión todo el mundo toma apuntes, pero pocos intervienen. Y si se trata de eso, por qué no les ofreces tú mediante un correo esos apuntes. Es más, y les pides una opinión al respecto. Te darás cuenta de que resulta mucho más productivo. Si nuestros bisabuelos eran capaces de mantener grandes historias de amor por carta, ¿no vamos a poder resolver nosotros temas de trabajo intercambiando *e-mails*?

#99 Entrena tu cerebro (te prometo que no cansa)

Quiero proponerte un par de ejercicios muy sencillos, que podrás diseñar e ir variando con facilidad, para entrenar tu cerebro. Especialmente la parte derecha, que es la que más usamos durante niños y es la de la creatividad. Después la vida nos lleva a la izquierda (me refiero al cerebro, que quede claro), la más analítica.

Código misterioso

El primero es escribir palabras como esta: 3574B4. ¿Eres capaz de leerla? Seguro que la descifras con más facilidad en este pequeño texto: UN D14 D3 V3R4N0 3574B4 3N L4 PL4Y4 0853R4ND0 D05 CH1C05 3N L4 4R3N4 C0N57RUY3ND0 UN C457ILL0 D3 4R3N4. ¿Te das cuenta de cómo el cerebro es capaz de decodificar?

Dale color a la mente

La siguiente prueba de fuego es escribir el nombre de diversos colores con letras de otro color. Por ejemplo, escribir amarillo con letras azules o verde con letras lilas. Y tratar de leer con agilidad todos estos nombres sin equivocarse o bien decir rápidamente el color en el que están escritas esas palabras. Verás que no es nada fácil.

¿Qué conseguimos con esto? Pues lo que te decía: agilizar el lóbulo derecho de nuestro cerebro y pasar un buen rato. Vale, sí, puede que se te ocurran cosas más divertidas.

#100 Cinco grandes historias de seis grandes mujeres

¿Cuántas personas que han aportado tanto a nuestro bienestar han pasado sin pena ni gloria al olvido? Pues muchas. Pero suele darse, además, una peculiaridad: muchas de ellas son mujeres. ¿No lo sabías? Pues mira. Te ofrezco cinco nombres como muestra.

Stephanie Kwolek

No sé si conoces a Stephanie Kwolek. Pues resulta que es la inventora del kevlar, un material ultrarresistente que ha salvado miles de vidas desde sus aplicaciones industriales en los años setenta del siglo XX.

Hedy Lamarr

¿Y a Hedy Lamarr? Quizás por ser actriz. Pero nadie o casi nadie la conoce por haber sentado las bases de los que hoy es la wi-fi, el bluetooth o el GPS gracias a un espectro radioeléctrico que permitía las comunicaciones inalámbricas a larga distancia. Y no, no ganó ningún Nobel por ello.

Elizabeth Lee y Rachel Fuller

Ahí tenemos también a Elizabeth Lee y Rachel Fuller, que inventaron el primer tratamiento farmacológico no tóxico para las infecciones de hongos en los seres humanos. ¡Cuánto se lo tenemos que agradecer! Pues no, tampoco fueron reconocidas con ningún Nobel.

Katharine Burr

¿Y a Katharine Burr, que además de ser la primera mujer que se doctoró en Física por la Universidad de Cambridge inventó el vidrio antirreflectante, que hoy encontramos en todas partes? Pues tampoco parece que mereciese el premio Nobel, has acertado.

Ángela Ruiz Robles

¿Y a Ángela Ruiz Robles? ¿Sabías que una profesora española inventó el libro electrónico? Pues sí, ella lo llamó enciclopedia mecánica adelantándose en varias décadas a los primeros modelos precursores del actual *e-book*. A ella tampoco le dieron el Nobel. ¿Te extraña?

#101 La inteligencia artificial que responde a todas tus preguntas (o casi todas)

La inteligencia artificial cada día es más inteligente. Y eso está bien siempre que nos haga la vida más fácil y no se rebele (tranqui, que eso solo pasa en las películas). Te voy a mostrar algunas de las posibilidades de una herramienta que tienes al alcance de la mano y, has acertado, es gratuita.

Problemas paso a paso

Lo mejor que puedes hacer es ir experimentando en chat.openai.com. Te doy una pista: en esta web puedes, por ejemplo, preguntar cómo se resuelve el problema matemático de un examen. Pero, además, te explica paso a paso cómo lo ha hecho. Mejor que el profe o la profe, vamos.

Lo que le pidas

También le podemos decir que nos programe algo en HTML, como el menú de una página web. Y lo hace sin más, fíjate. Y además sin errores. O incluso que escriba una conversación entre dos genios. Y también lo hace. Yo le pedí un diálogo entre Platón y Freud y aún estoy flipando.

RECURSOS

✓ chat.openai.com

#102 Por qué me cambié de Mac a Windows 11

Quiero explicarte las tres razones por las que decidí cambiarme de Mac a Windows, en concreto a Windows 11. No tienes por qué hacerlo tú, pero que no sea ni por comodidad ni por militancia, porque en temas informáticos también hay un mundo ahí fuera. ¡Ojo! que yo he dado el paso después de 15 años.

Edición de vídeo

La resistencia del material y el precio ya son un motivo, pero fíjate en la primera razón. Además de que la apariencia que ha conseguido esta versión de Windows es agradable, algo que si vienes de Mac no es un tema menor, el caso es que la herramienta que incorpora de edición de vídeo es súper práctica e incluye la opción de enviarlos directamente a las redes sociales.

Compatibilidad y conectividad

Otro detalle: lo que se llama WSL, un modelo de compatibilidad que te posibilita tener aplicaciones de Linux en Windows, como los programas que utilizo para crear imágenes a través de inteligencia artificial. Y el último, para mí importante: tener una pequeña

oficina portátil en el coche. ¡Incluso puedo cargar el ordenador enchufándolo al puerto USB!

#103 Tres cosas increíbles que puedes hacer con tu iPhone

No hace magia, pero casi. Tu iPhone es una herramienta tan potente como interesante que cada vez te ofrece más posibilidades de serie. Fíjate en estas tres.

Realidad aumentada

Puedes identificar todo lo que está a tu alrededor con una especie de realidad aumentada que te ofrece la herramienta «Lupa» simplemente activando la detección de objetos. ¡Ojo! que te identificará también personas, perros y demás seres reconocibles.

La mejor webcam

Lo puedes también usar como webcam de excelente calidad. Si compras un ganchito específico que te permite fijarla a la pantalla del ordenador de mesa o al portátil tendrás una cámara 4K que podrás utilizar tanto en Mac como en Windows utilizando aplicaciones como EpocCam.

Editar imágenes

Y tres. Puedes eliminar el fondo de cualquier foto. ¿Cómo? Pulsando durante unos segundos sobre la imagen de una persona verás cómo te da la opción de eliminar lo que hay detrás. Así podrás copiar y pegar esa imagen sobre cualquier fondo.

RECURSOS

✔ EpocCam

#104 Paga menos, no solo por los vuelos, también por los hoteles

Ya lo habíamos comentado: los precios de los aviones te pueden salir más caros o más baratos según qué ordenador, *tablet* o *smartphone* utilices o según el día y la hora en que los busques. Hay incluso estudios que han demostrado que las aerolíneas y las empresas de reservas hoteleras dan unos precios más altos si usas dispositivos de alta gama. ¿Cómo lo puedes evitar? Pues con alguno de estos trucos:

configúrate

El primero es que instales en Chrome la extensión Random User-Agent. Aquí podrás configurar la información que nuestro ordenador comparte con la web en la que estés navegando en cada momento. Por ejemplo, hay una opción genérica que no da detalle de ti.

correo chivato

Otra opción, si tienes un correo de gmail, es añadir un + entre tu nombre y la arroba e intercalar cualquier palabra. Por ejemplo, el nombre de la web a la que lo das. Será mucho más difícil perseguirle la pista a tu correo. Además, si recibes *spam* sabrás quién ha vendido tus datos.

✔ Random User-Agent

#105 ¿Quieres comprar un pueblo abandonado? ¡Qué paz!

¿Estás pensando en comprarte un piso? ¿Y por qué no te compras todo un pueblo por el mismo dinero? Fíjate, un pueblo en Zamora con 44 casas por 240.000 euros. ¿Qué más quieres?

Teletrabajo

Pues sí, hay aldeas y pueblos abandonados en la denominada España vaciada que puedes comprar por lo mismo o incluso menos que te costaría un piso. Hay casas que rehabilitar y tienes que asegurarte de tener los servicios mínimos, pero en tiempos en los que se puede teletrabajar, ¿no te parece un chollo?

Internet por satélite

¿Qué no llega la fibra óptica? Tienes una solución en Starlink, que por vía satélite consigue la misma capacidad. Además, otras compañías también te ofrecen esta misma alternativa satelital. Piénsatelo.

RECURSOS

✔ Starlink

#106 Más trucos
–y anécdotas–
para crear contenido
(¡¡gratis total!!)

Para que te quejes: te ofrezco una nueva serie de trucos para crear contenido que te van a ser muy útiles. O eso espero. Pero antes dos anécdotas a las que me han conducido los vídeos en los que te cuento cosas de tu interés –o eso creo– en un minuto.

Increíble

Gracias a eso pude conducir un Fórmula-1 para explicar qué se siente al volante y a toda velocidad o provoqué que se acabasen todas las bombonas de camping gas en España y que llegase al Congreso uno de los vídeos en el que refería un vídeo de supervivencia del gobierno austríaco. En fin…

No aburras ni te aburras

Los trucos:

1) Si quieres que tu canal triunfe no te centres en un solo tema, porque acabarás cayendo en lo que se conoce como la fatiga del creador y harás que tus seguidores también se cansen.

Y 2) No subas contenido que solo te gusta aquí, porque puedes caer en la misma trampa.

#107 crea tus propios *stickers* de whatsAPP

Hay quien dice que existen dos tipos de personas en el mundo: las que se ríen con los *stickers* que reciben por WhatsApp y las que crean sus propios *stickers*. Así que si quieres ser del segundo tipo sigue estas pautas:

A la *app*

Lo primero que tienes que hacer es elegir una foto que quieras convertir en tu *sticker* y subirla a una de las aplicaciones que te permiten crearlos fácilmente, como Sticker Maker Studio (para iOS).

A editar

A partir de aquí todo es editar con las herramientas que te ofrece cada aplicación, incluyendo texto, girándolo, dándole color... Luego tienes que dar a la opción de subir a WhatsApp. Y ahí te lo encontrarás. Ahora solo tienes que enviarlo y echarte unas risas a costa de vete a saber quién.

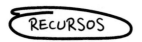
RECURSOS

✔ Sticker Maker Studio

#108 El ejercicio de los cinco dólares y las dos horas (¿pero de qué hablas?)

Imagínate que te ofrecen cinco dólares si eres capaz de montar una empresa en dos horas. Que, además, tiene que dar beneficio. Este es un ejercicio real que una profesora de la Universidad de Stanford planteó a sus alumnos. ¿Y cómo salieron del paso? Pues rápidamente salieron de clase con el reto de volver al cabo de dos horas con algo entre manos.

compra-venta

Unos empezaron a comprar objetos de escaso valor para tratar de venderlos más caros y algunos consiguieron transformar esos cinco dólares iniciales en 100, que no está nada mal.

vender una oportunidad

Pero hubo unos cuantos más ingeniosos, que no necesitaron ni los cinco dólares ni las dos horas. Simplemente vendieron los cinco minutos que tenían de presentación ante la clase para explicar su proyecto a una empresa interesada en fichar a alumnos de Stanford, que pagó 600 dólares por ese tiempo.

#109 ¿Qué es eso de los Fan Tokens? (¿Y para qué sirven?)

Al parecer, nadie entendió muy bien por qué el FC Barcelona vendió por 100 millones de euros una empresa como Orpheus Media, que se dedicaba a los *Fan Tokens*, o por qué el equipo de Fórmula 1 Alpine se aliaba con Binance para desarrollar también Fan Tokens. ¿Pero de qué estamos hablando?

Ser único o única

Los *Fan Tokens* no son sino un tipo de activos digitales basados en tecnología *Blockchain* que permite a los aficionados de un equipo a vivir su afición desde dentro tomando decisiones o viviendo experiencias únicas. Por eso es por lo que yo pude conducir un coche de Fórmula 1, ¿qué te creías?

Sube y baja

Como cualquier otro criptoactivo, el *Fan Token* puede subir o bajar de valor en función de cómo le vaya al equipo al que está asociado o de la demanda que exista. Y, lógicamente, puedes desprenderte de él y hacer un negociete vendiéndolo.

#110 Apple ya no quiere que te compres el último iPhone (te lo digo en serio)

Pues sí, el modelo de negocio de las tecnológicas está cambiando y ya no solo el software y los servicios son de suscripción, sino también el hardware, incluyendo en esta categoría a los *smartphones*.

cómodas cuotas mensuales

Eso ha hecho que a Apple ya no le interese de que compres el último modelo de iPhone, sino que lo que quiere es que te suscribas a su nuevo servicio de dispositivos. Pues sí, por cómodas cuotas mensuales sale baratito. O eso parece, porque en realidad el iPhone nunca va a ser tuyo y, si dejas de pagar, puedes quedarte sin él.

Pago por lavado

No es la única empresa que ha optado por este modelo: también hay un fabricante de lavadoras que cobrará por suscripción y lavados, y la conocida empresa de automoción BMW cobrará 18 euros al mes para que tus asientos sean calefactables (no sé decirte si en verano también te pasará el cargo).

#111 ¿Quieres encontrar a un mayordomo? (No vas a tener que pagarle)

Pues sí, me he cansado de hacer diversas tareas y prefiero que me las hagan, la verdad. Pero no, en realidad no he contratado a ningún mayordomo, simplemente he automatizado estas cosas para no tener que hacerlas. ¿Cuáles? Tú también quieres, ¿eh? Pues mira:

Enseña a la máquina

Lo primero que tienes que hacer es entrar en teachablemachine.withgoogle.com y trastear un poco para ver qué te interesa que identifique: diferenciar entre una persona o un perro, diferenciar entre estilos de música o distinguir posturas corporales que nosotros mismos hacemos.

Domotízate

A partir de aquí podemos programarlo para que cuando nos sentemos en el sofá se apaguen las luces y se encienda la tele (sí, necesitas tener la casa mínimamente domotizada, la verdad), que al acercarse nuestra mascota a casa se abra la puerta o que solo se conecte la Play si antes haces 50 flexiones (es un decir).

Es pa lo niños

Lógicamente, también es una excelente herramienta para enseñar los principios de la programación a los niños, que decidan qué quieren hacer y den las instrucciones adecuadas a la máquina.

RECURSOS

✔ teachablemachine.withgoogle.com

#112 Que no te engañen las marcas para cobrarte más

Pues eso, todos sabemos —o intuimos— que muchas marcas de productos de consumo nos acaban engañando para cobrarnos de más en nuestras compras. No hablamos solo de la inflación, sino de prácticas, cuando menos, discutibles. Lo puedes evitar, sí, conociéndolas y comparando.

Reduflación

Esta práctica se denomina *reduflación* y consiste en reducir la cantidad de lo que compramos manteniendo la apariencia, pero cobrándonos lo mismo o incluso más a modo de actualización. Puedes darte cuenta si un producto sube de precio, ¿pero sabrías si ha reducido la cantidad? Eso ya es más difícil.

Pesos y unidades

Por suerte, entidades como la OCU sí se fijan en estas cantidades y elaboran unos prácticos listados. Destacan cómo algunas marcas han reducido sin complejos el producto que nos venden. Ojo al dato y sospecha de esos que te dicen que no suben precio pese a la inflación y a que otros sí lo hagan.

#113 Inspírate y expira (a ver, ¿cómo titularías tú a esa píldora del saber?)

Mira, te voy a ofrecer dos herramientas que igual no conoces para que aumente tu inspiración a la hora de crear nuevos proyectos. En cualquier caso, creo que descubrirás dos webs interesantes.

Conceptos y ejemplos

La primera es marketingexamples.com, que te ofrece un montón de temas de interés relacionados con el marketing y los negocios en un sentido amplio como *copyright*, crecimiento en redes sociales, posicionamiento web… Y no solo te enseña el concepto, sino cómo se aplica con casos concretos.

Abre tu mente

La segunda es mymind, que tiene un punto místico y que trata de replicar tu cerebro en internet. ¿Cómo? Pues haciendo que introduzcas contenido que la propia herramienta va ordenando. Después puedes acceder a ella a partir de las ideas que te vayan viniendo a la cabeza, lo que resulta un pelín inquietante.

RECURSOS

- ✔ marketingexamples.com
- ✔ mymind

#114 una miniguía para que no te estafen

No sé si habrás vivido la experiencia de que alguien se haga pasar por ti para estafarte en la compra de algún producto o servicio o incluso en el alquiler de un piso. A mí sí, y quiero ofrecerte los sencillos consejos que la policía, junto al portal Airbnb, han elaborado para que no te estafen en una reserva de una apartamento o una casa rural o cualquier tipo de operación inmobiliaria.

Nada de enlaces externos

Lo primero es no clicar *e-mails* con enlaces externos, porque los carga el diablo. Si no puedes verificar su procedencia no te arriesgues y simplemente bórralo.

ofertas poco realistas

Desconfía de las ofertas poco realistas. Porque, créetelo, no vas a encontrar un piso en Ibiza todo el mes de agosto por 700 euros. Ojalá, pero va a ser que no.

Paga como está establecido

Utiliza el método de pago que te ofrece la propia plataforma. Si en un momento alguien te dice que realices el pago por otra vía no lo hagas: te quedarás sin dinero y sin el apartamentito.

Protege tus cuentas

Mantén tu cuenta protegida, en cualquier tipo de plataforma. Si usas una contraseña flojita siempre habrá quien lo aprovechará para fisgar en tus diversas cuentas con fines nada buenos.

#115 ¿Quieres una consola retro?

Pues sí, yo también soy generación X y me gustan las consolas de antes, así que me he comprado una PlayDate. ¿Quieres saber cómo es?

A manivela

Lo primero que te llama la atención de este modelo, que no está desarrollado por una gran empresa sino por un grupo de creativos, es que tiene una manivela. ¿Una consola con manivela? No, no es más retro de lo que es cualquier consola, pero es una innovación que llama la atención y es divertida.

crea tus propios juegos

Cada una de estas consolas es un kit de desarrollo. Es decir, que vas a poder desarrollar tú mismo o tú misma tus propios juegos que después podrás compartir con la comunidad de jugadores.

Descarga y comparte

Aunque sea retro tiene wi-fi, que te permite bajar dos nuevos juegos cada semana. Además de los que desarrollan otros usuarios, hasta un total de 24. Es divertida, práctica y su pantalla de tinta electrónica aguanta más de una semana sin necesidad de cargarla.

#116 Viaja con imaginación (y con estos mapas)

Quiero enseñarte tres webs totalmente gratuitas de mapas para viajar o para divertirte. Sí, para ambas cosas también te pueden valer.

On time

La primera es planefinder.net, que te enseña dónde se encuentran exactamente todos los aviones que en un momento determinado están volando por el mundo. Te permite, señalando una ruta o un número de vuelo, saber en qué lugar se encuentra el avión y cuánto le queda para aterrizar (si es que está volando, claro).

A cuadros

La segunda es what3words.com, que te presenta los mapas de todo el mundo en cuadrículas de 3x3 metros, a las que además les pone nombre. Así que si quedas con alguien solo le tienes que decir en qué cuadrícula os véis.

Vuela

Y la tercera es geo-fs.com, un simulador de vuelo basado en los mapas de Google Maps que te posibilitará volar, con varios modelos de avión, por cualquier lugar que conozcas. ¿Es una chorrada? Bueno, tú pruébala.

RECURSOS

✔ planefinder.net
✔ what3words.com
✔ geo-fs.com

#117 ¿Has oído hablar de la educación descentralizada? (Ya oirás, ya)

Hemos hablado de cómo la inteligencia artificial te permite realizar trabajos escolares apenas dándole una idea. Pues resulta que eso está revolucionando la educación desde varios pilares.

La autoridad competente

El primero es la eliminación de la única fuente de verdad. ¿Qué quiere decir eso? Pues que el profesor, aun siendo una figura capital en este nuevo modelo educativo, no es la única fuente del saber. Digamos que su papel, en este sentido, se limita a un 20%.

Inteligencia colectiva

¿Y el otro 80%? Pues procede de lo que se ha dado en llamar la inteligencia colectiva. Cada estudiante aporta su parte del saber y lo comparte con los demás. Al final es la comunidad educativa la que avala la validez de cada conocimiento.

El grupo de la diversidad

El tercer pilar es el uso de la tecnología para conseguir una diversidad real, que no es otra cosa que huir de la uniformidad en entornos como, por ejemplo, el metaverso, para que el conocimiento no sea homogéneo, sino plural. Te lo cuento también en founderz.com.

RECURSOS

✔ founderz.com

#118 Evita que te pongan en 2X en whatsApp

¿No te gusta que tu voz se convierta en la de los Pitufos? Te quiero enseñar un truco para evitar que escuchen en doble de velocidad tus mensajes de voz en WhatsApp.

A paso de tortuga

La verdad es que es una tontería supina, pero si quieres evitarlo no hay una solución tecnológica ni forma alguna de hackear estos mensajes. Simplemente, cuando envíes un mensaje a alguien que sabes que va a dar velocidad a tus audios grábalos a velocidad superlenta.

Que se de por aludid@

No, no se trata de ninguna función que no conozcas. Es mucho más fácil: simplemente habla superlento y engaña a tu interlocutor. Cuando se dé cuenta de la trampa y escuche tu mensaje a velocidad normal descubrirá que no te gusta lo que hace con tus mensajes. ¿De qué sirve esto? Pues digamos que de poco.

#119 ¿Realmente es imposible respetar la privacidad en internet?

Muchas empresas aseguran que es muy difícil, diríase que imposible, cumplir con las leyes que deben garantizar la privacidad de los usuarios. ¿Tan difícil es? Pues no.

Te lo gestionan

Imaginemos que tienes una web construida en WordPress, sin ninguna herramienta de privacidad propia. Basta que vayas a una plataforma como iubenda.com. No solo te da a conocer qué es lo que estás obligado a cumplir, sino que te permite configurar tu web mediante su propia plataforma para que cumplas escrupulosamente las normas.

¿Falta de voluntad? ¿O de interés?

Si una herramienta sencilla te permite gestionar las políticas de consentimiento, que la gente acepte las *cookies*, que no se carguen ciertos contenidos si no se aceptan... ¿por qué las grandes firmas, con muchísimos recursos y desarrolladores propios, no lo pueden hacer? ¿Será porque no quieren y ya les va bien tener y utilizar tus datos?

RECURSOS

✔ iubenda.com

#120 Que te crean es más importante de lo que tú crees

Cuando lanzamos el máster en Blockchain y Negocio Web3, lo hicimos con una reconocida marca: Binance. Algunos no lo creyeron, así que hicimos el experimento que te cuento.

Al azar

Hicimos una versión alternativa de nuestra web donde añadimos un link que conducía al anuncio que Binance hacía de nuestro curso, de manera que a la hora de acceder, desviamos el tráfico y los usuarios lo hacían alternativamente a una u otra versión.

Confianza

El caso es que en 24 horas de realizar esta práctica, los usuarios que accedían a la versión con mayor credibilidad registró un 400% más de inscripciones al máster. Y es que a veces no nos damos cuenta de la importancia que tiene demostrar las cosas que decimos más allá de explicarlas.

Por cierto, si te interesa el tema, ya sabes:

founderz.com.

#121 ¿Un videojuego que ocupa 13Kb? Como lo lees

Créetelo, existe un videojuego que solo ocupa 13Kb. De hecho existen más de uno. E incluso que pesan menos, ya que ese es el límite que pone una competición. Te lo explico.

Al límite

Resulta que una empresa lanzó este reto entre programa-

dores y los resultados son realmente increíbles. Juegos de diversas temáticas y con una resolu-ción más que aceptable pesan menos de 13Kb.

Flipa

Te animo a verlos en js13kgames.com, porque vas a flipar. Allí están todos, pue-des probarlos totalmente gratis y votar por el que consideras mejor. Además, vas a pasar un rato divertido. No te lo quedes: ¡compártelo!

✔ js13kgames.com

#122 Así se manipula la opinión pública

Voy a demostrarte que manipular a la opinión pública es mucho más fácil que lo que podrías imaginar (o no). Basta con inventarse a una persona ficticia que empiece a soltar su controvertida opinión por las redes. Fíjate cómo se puede hacer.

El manipulador

Entra en fakenamegenerator.com e invéntate el perfil de esa persona añadiendo todos sus datos en la ficha que te aparece. Después accede a otra web, generated.photos, y búscale una cara que creas que vaya bien con el nombre. La que te guste, porque todas son generadas por una inteligencia artificial y no existen en el mundo real.

¡oh!, a rajar

Ya solo te queda utilizar GPT-3 de Open.ai para que nos genere un montón de tuits sobre cualquier tema. Por ejemplo, por qué los niños nunca deberían jugar con robots, porque son peligrosos. Y cuando los tengas, simplemente prográmalos y que vayan generando opinión. Así, pero con miles de cuentas, es como lo hacen las empresas que se dedican a esto por encargo.

RECURSOS

- ✔ fakenamegenerator.com
- ✔ generated.photos
- ✔ GPT-3

#123 ¿Sale realmente a cuenta un coche eléctrico?

Te propongo un experimento: saber cuánto te cuesta un viaje en coche eléctrico frente a uno de gasolina. Porque no olvides que, además del precio más elevado, el coche eléctrico también hay que cargarlo.

Tesla versus VW

Para la comparativa pongamos, por ejemplo, estos dos coches: un Tesla Model 3 y un Volkswagen Golf GTI. El primero lo puedes adquirir en España con las ayudas a la movilidad sostenible por unos 40.800 euros. El modelo medio del segundo lo puedes encontrar por 42.600 euros.

Un viajecito

Recorrer 700 kilómetros con el coche de gasolina, según el consumo medio que indica la marca, supondría unos 79,44 euros. Y si cargas el Tesla con un super cargador para conseguir una carga en 15 minutos te costará recorrer esos mismos 700 kilómetros unos 40,28 euros. Aunque si lo haces con un enchufe de toda la vida te costaría 21,28 euros, si bien tardarás más en hacerlo. Lógicamente, si tienes placas fotovoltaicas y adaptas la carga a su generación no te costará nada.

La conclusión es que el coche eléctrico, aunque los precios de la electricidad se hayan puesto por las nubes, sigue saliendo a cuenta. Sobre todo si eliges bien cómo cargarlo.

#124 Podemos evitar el fin del mundo (Sí, tú también)

Si estás al día sabrás que la NASA lanzó un satélite para tratar de desviar un asteroide de su trayectoria por si alguna vez nos amenaza de verdad un asteroide y nos extinguimos como los dinosaurios.

Satélite suicida

El reto era complejo, ya que el satélite apenas medía un metro y el asteroide poco más de 150. Es como si lanzases una cajita de AirPods contra algo como un coche. Y pensarás: un poco difícil que consiguiese desviarlo, ¿no?, ¿dónde está el truco?

A toda leche

Pues en la velocidad, ya que el satélite consiguió impactar a 23.000 km/h. Un poco rápido, sí. Y eso después de recorrer ni más ni menos que 11 millones de kilómetros. Y sí, lo consiguió. Parece que estamos a salvo. (¿Cómo es que no se les ocurrió a los dinosaurios?)

#125 ¿Te has preguntado cómo serán los videojuegos del futuro?

Seguro que sí, que te has preguntado qué tipo de video-juegos jugaremos en unos años y, sobre todo, en qué tipo de consola o plataforma. De momento, los tiros van por aquí.

Tu propio camino

De entrada han aparecido juegos como *Bigtime* que combinan el modelo de, por ejemplo, Fortnite con la tecnología *Blockchain* o NFT. Lo novedoso es que la evolución del juego será solo tuya e incluso podrías vender tu versión en el caso de que interese a alguien dispuesto a pagar por ella.

Va de retro

Por otra parte, una empresa como Panic ha creado *Play-Date*, una consola retro que toma prestado uno de los conceptos más exitosos de Netflix: el de crear juegos y temporadas para ir distribuyéndolas en el tiempo. Además de que tú también puedes crear tus propios videojuegos y compartirlos entre la comunidad.

Yo no me he decidido aún, así que estoy explorando los dos caminos. ¿Y tú?

#126 Encuentra tu doble en internet

Todos tenemos un doble, todo el mundo lo dice. Y quizás hasta más de uno. Hasta ahora era difícil de encontrar. Pero los tiempos cambian e internet y, sobre todo, la inteligencia artificial, hacen que encontrar tu doble sea como coser y cantar (O incluso más fácil, porque lo de coser y lo de cantar, a mí, no se me da muy bien).

Busca y compara

 Si te animas a hacerlo solo tienes que subir una foto tuya o de quien quieras a images.google.com dándole a la pestañita de «Búsqueda por imágenes». Y sí, enseguida te va a ofrecer una serie de imágenes razonablemente parecidas a la que tú has subido. Algunas realmente parecidas.

Identifica lugares

No tengo que decirte que esta búsqueda la puedes realizar con cualquier tipo de imagen para identificar, por ejemplo, el lugar en el que se ha tomado una foto. En fin, una herramienta sencilla, práctica y gratuita, que además está en español.

RECURSOS

✓ images.google.com

#127 ¡Cuidado con los .gifs, que los carga el diablo!

Pues sí, estate atento con el tipo de .gif que buscas. No es que sea peligroso, ni mucho menos, simplemente debes sabes que algunos anunciantes acudirán a ti en función de eso. ¿En serio? Pues sí.

Tu estado de ánimo

Las empresas te acechan por los lugares más insospechados, hasta el punto de que cada vez que buscamos algo tan tonto como un .gif divertido y oportuno en WhatsApp, Telegram, Signal, Slack, iMesage, Tinder, Twitter o cualquier otra red social, aplicación o plataforma de mensajería, estamos contactando con una sola empresa: Giphy, una multinacional del mundo de los .gif. El caso es que a la hora de buscar ese .gif expresamos un estado de ánimo concreto o referimos algo que nos interesa en ese mismo momento.

El Gran Hermano

Pues que sepas que Facebook (o Meta, llámalo como quieras) es el propietario de Giphy, por el que pagó, como puedes imaginar, una morterada. Y, lógicamente, gestiona sus datos. Solo te queda preguntarte si una empresa vinculada al mundo del deporte o a la vida saludable no estaría interesada en tener los datos de alguien que busca .gifs sobre la materia. O al contrario, una empresa de apoyo psicológico en alguien que busca .gifs tristes.

#128 crea tu nube personal para guardar todo tipo de archivos

Todos estamos en la nube, y más de uno en las nubes. Pero resulta que se trata de grandes servidores que no controlas y que, a menudo, son servicios de pago. Pues que sepas que puedes crearte tu propia nube, controlándola solo tú. Si quieres una solo tienes que seguir estos pasos.

El hardware

Lo primero es hacerte con la maravilla tecnológica que es el microordenador Raspberry Pi 4b, que apenas te costará 40 euros. Tendrás que sumarle una tarjeta de memoria MicroSD, por ejemplo de 128Gb, que te costará otros 30 euros. Y cuenta con un adaptador y un cable de red, que si no tienes te costarán unos 5 euros cada uno. Por menos de 100 euros tendrás todo lo necesario.

Ponte en marcha

Cuando lo tengas listo solo hay que instalar el sistema operativo. Tranqui, que tienes guías y tutoriales buenísimos para hacerlo. Te recomiendo OwnCloud, que es una plataforma totalmente gratuita. Y, a partir de ahí, a usar tu propia nube, sin pagar a nadie y con la confianza de que tu información nunca saldrá físicamente de tu propia casa.

RECURSOS

✔ OwnCloud

#129 Encuentra los mejores descuentos en la red y ahorra

La cosa no está como para tirar la casa por la ventana, así que lo que puedas ahorrarte en tus compras *online* será más que bienvenido. Quiero enseñarte una herramienta que te ayudará a hacerlo.

Dulce como la miel

Se trata de la extensión de Chrome Honey (como lo lees, como la miel), que te recomiendo que te instales. Lo que hace es muy sencillo: cada vez que naveguemos por una tienda virtual va a rastrear si existe algún cupón o descuento que puedas aprovechar.

Cupón al canto

A la hora de pagar te avisará de la posibilidad de que consigas un descuento y comprobará automáticamente y ante tus ojos qué cupón o descuento funciona y cuál te beneficia más. Una maravilla que no te cuesta nada tener y que te irá dando más de una sorpresa (agradable, por supuesto).

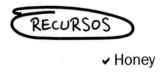
RECURSOS

✔ Honey

#130 Pues no, el teléfono móvil no te escucha ni te graba

La historia es fascinante y mucha gente se la cree a pies juntillas. Lástima que sea un bulo. Porque no, el micrófono de tu *smartphone* ni te escucha ni te graba. Los que te espían son otros.

La culpa fue del chachachá

Lo habrás experimentado mil veces (o no tantas). Hablas de algo y más tarde, mientras navegas por internet, empiezan a aparecerte anuncios o sugerencias sobre aquello de lo que hablabas.

 Pues siento decepcionarte, la culpa no es del móvil, sino de unos algoritmos sofisticados que perciben cualquier pequeña acción que realizas prácticamente sin reparar en ella.

La duda razonable

Un ejemplo: cuando estás viendo cualquier contenido en YouTube suele salir un anuncio que inmediatamente saltas para ir directamente al vídeo que te interesa. Esa acción la haces en un tiempo que el algoritmo tiene contabilizado. Si por lo que sea te lo piensas un instante, aunque sea un segundo o incluso menos, el algoritmo detecta un interés y enseguida te van a ir apareciendo anuncios de ese producto o servicio sobre el que aparentemente solo has dudado un instante.

 Es una de las muchas técnicas que utiliza el marketing para empezar a bombardearte. Sin necesidad de escuchar tus conversaciones.

#131 Gana o pierde, pero con criterio

Los mercados suben y bajan. En definitiva, fluctúan ¿Cuándo es mejor entrar en determinado valor? ¿Qué es eso de la hora de los y las valientes? Te lo explico. ¡Ojo!, que no soy un fino analista de bolsa, no te creas.

Sube y baja

Ponte que tienes 1.000 euros y compras una acción. Y resulta que al día siguiente baja un 90% (desde luego, ya es mala suerte). Pero al día siguiente nos despertamos y vemos que ha subido un 200% (no veas, ¿no?).

Calcula bien

Pero ponte a hacer cálculos y no te dejes engañar, porque si pierdes un 90% de 1.000 te quedas en 100, y si después ganas un 200% de 100 estás en 300. Simplemente te lo digo para que nadie te convenza a la hora de invertir con estas fluctuaciones que, en realidad, pueden hacerte perder mucho dinero.

#132 Una forma mágica de plantar el árbol de Navidad

Si la Navidad está cerca y tienes un niño fascinado por la magia de estas fiestas puedes sorprenderlo con un árbol mágico. ¡Ojo! que aquí no se utiliza la tecnología, sino la fascinación.

Una piña

Lo primero que tenéis que hacer es ir al bosque o a cualquier parque donde haya pinos y dejarle que elija una piña de las muchas que puede encontrar por el suelo. La verdad es que cualquiera vale.

Y los polvos mágicos

Al llegar a casa solo hay que depositar la piña en un recipiente, espolvorear unos polvos mágicos como purpurina y verter un poquito de agua sobre la piña. Porque la magia hará que cuando el niño se vaya a dormir, en el lugar de la piña aparecerá un árbol de Navidad que descubrirá, con sorpresa, a la mañana siguiente.

Es lo que tiene la magia de la Navidad más allá de los renos, Papá Noel y los Reyes Magos.

#133 ¡Haz que te visite Papá Noel! (o Mamá Noel, que somos inclusivos)

Que sí, que sí, que a ti también va a venir a verte Papá Noel (o Mamá Noel, tú eliges). A ti y a quien tú quieras. ¿No sabes ni cómo ni cuándo? Pues fíjate. (Por cierto, que no te costará nada. De nada).

Escribe la carta

Empieza por entrar en synthesia.io/santa y elije el personaje que quieres que venga a visitarte o que visite a quien tú decidas. Ponle el fondo que quieras, desde el paisaje más nevado al hogar de fuego más cálido, y escribe el texto que quieres que diga, en cualquier idioma.

Échala al buzón

Después solo tendrás que indicar el *e-mail* donde quieres que llegue tu mensaje. En apenas unos minutos, Papá o Mamá Noel dejarán su mensaje allí donde le hayas dicho. Lo de entrar por la chimenea y dejar los regalos ya es una fase superior en la que tendrás que apañártelas sin ayuda.

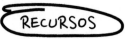

RECURSOS

✔ synthesia.io/santa

Tienes una idea (pero aún no lo sabes)
Pau Garcia-Milà
ISBN 9788497356909
Págs: 160

Una amena y desenfadada «disección» sobre el mundo de las ideas, con el objetivo de motivar a todo el mundo a potenciarlas y sacarles el máximo provecho.

Dado que cualquier idea puede venir en cualquier momento, en el libro se explican las distintas maneras de identificar y potenciar la «obtención» de nuevas ideas. Es importante estar preparado cuando aparezca cada una de ellas. Al fin y al cabo, una idea es parecida a un par de segundos de fuegos artificiales: nos puede parecer genial, brutal y ponernos la piel de gallina cuando la tenemos delante, pero nos será imposible recordarla y recuperarla cuando pensemos en ella, si no pasamos a la acción de inmediato.

Eres un gran comunicador (pero aún no lo sabes)
Pau Garcia-Milà
ISBN 9788497357586
Págs: 144

Estrategias para elaborar y pronunciar intervenciones orales, discursos, presentaciones y exposiciones de manera eficaz y persuasiva.

La oratoria es una materia tan importante como olvidada en el día a día del siglo XXI. No se enseña en secundaria, ni en bachillerato, ni en el 99% de las carreras, y en poquísimos cursos de formación para profesionales, no obstante, es una de las materias más importantes en el desarrollo personal y profesional de cualquier persona. Este libro enseña el arte de comunicar bien a cualquier persona en activo que quiera mejorar sus habilidades comunicativas, tanto para hablar en público como para defender mejor sus ideas y propuestas.